新时代国有企业
基层工会群众生产工作
创新发展研究

杨金友◎著

中国石化出版社
·北 京·

图书在版编目(CIP)数据

新时代国有企业基层工会群众生产工作创新发展研究/杨金友著.—北京：中国石化出版社，2024.5
ISBN 978-7-5114-7518-3

Ⅰ.①新… Ⅱ.①杨… Ⅲ.①国有企业-工会工作-研究-中国 Ⅳ.①D412.6

中国国家版本馆 CIP 数据核字(2024)第 090713 号

中国石化出版社出版发行
地址:北京市东城区安定门外大街 58 号
邮编:100011　电话:(010)57512500
发行部电话:(010)57512575
http://www.sinopec-press.com
E-mail:press@sinopec.com
北京科信印刷有限公司印刷
全国各地新华书店经销
*
710 毫米×1000 毫米 16 开本 12.75 印张 225 千字
2024 年 5 月第 1 版　2024 年 5 月第 1 次印刷
定价：78.00 元

PREFACE

前言

工人阶级是我们党最坚实、最可靠的阶级基础，工会工作是党治国理政的一项经常性、基础性工作，工会群众生产工作是工会工作与党的中心任务的结合点、切入点、着力点。习近平总书记高度重视工会工作，明确提出坚持全心全意依靠工人阶级的根本方针，充分调动广大职工群众的积极性、主动性、创造性，积极投身全面推进强国建设、民族复兴的伟大事业。这为基层工会群众生产工作创新发展提供了根本遵循，也为工会群众生产工作的组织指明了前进方向。

时代在发展，事业在创新，工会群众生产工作也要发展、也要创新。顺应时代要求、适应社会变化，持续深化新时代基层工会群众生产工作创新探讨研究，探索形成一系列科学有效的工作方法，有利于更好引领广大职工成长成才、就业创业、报效国家、服务社会，为广大职工参与企业民主管理、国家治理和社会治理打开更广阔的通道。毋庸置疑，基层工会群众生产工作创新实践，让职工群众真正感受到工会是“职工之家”，工会干部是最可信赖的“娘家人”，群众生产工作是助力企业高质量发展的重要支撑。

工欲善其事，必先利其器。全面提升基层工会群众生产工作水平，需不断增强基层工会的引领力、组织力、服务力，满足基层工会组织和工会工作者工作需要，迫切需要对基层工会群众生产工作创新实践进行系统提升。推进新时代国有企业基层工会群众生产工作创新发展研究，旨在通过系统的梳理、整合、研究、优化、探索等手段，对基层工会群众生产工作的目标、程序、步骤、规范进行科学化设计，便于基层工会组织和工会工作者更有效组织生产，以高质量群众生产工作助力企业高质量发展。

《新时代国有企业基层工会群众生产工作创新发展研究》坚持以习近平新时代中国特色社会主义思想为指导，依据《中华人民共和国工会法》《中国工会章程》《全国总工会关于全心全意依靠职工群众搞好企业若干问题的意见》《基层工会工作暂行条例》等法规、制度，结合新时代国有企业基层工会群众生产工作发展实际，系统归纳并阐述了工会群众生产工作中涉及劳动竞赛、合理化建议、班组建设、职工技术创新、劳动保护等5个方面的创新实践，佐以14个经过实践验证的经典案例，是一部内容丰富、程序明晰、操作性强、务实管用的基层工会群众生产工作指导用书，为基层工会和工会工作者提供创新实践借鉴。

一册在手，规范全有。基层工会群众生产工作创新发展研究，集理论与实践于一体，结构清晰、语言通俗，让我们找准了推动党中央决策部署在工会系统落实落地的路径举措。新时代新征程，让我们深刻把握时代之变、基层工会群众生产工作创新之变，坚持全心全意依靠工人阶级的根本方针，以劳动创造扎实推进中国式现代化，以不懈奋斗书写新时代华章，奏响劳动光荣、创造伟大的时代强音，铸就工人阶级新辉煌。

CONTENTS

目　录

第一章　新时代劳动竞赛工作创新实践

第一节　什么是劳动竞赛　003

一、劳动竞赛的概念　003

二、劳动竞赛的发展历史　003

三、开展劳动竞赛的重要意义　005

四、劳动竞赛的内容和特点　007

五、劳动竞赛的分类　009

第二节　如何开展好劳动竞赛　011

一、与时俱进，树立三个观念　012

二、踔厉奋发，提升四种能力　014

三、笃行实干，做到五个结合　015

四、推进落实，抓好六个步骤　016

第三节　如何开展“工人先锋号”创建活动　026

一、“工人先锋号”的由来　026

二、开展创建“工人先锋号”活动的重要意义　027

三、开展创建“工人先锋号”活动的总体要求　028

四、“工人先锋号”的授予对象和基本条件　028

五、“工人先锋号”的管理　029

第二章 新时代合理化建议活动创新实践

第一节 什么是合理化建议 037
一、合理化建议的概念 037
二、合理化建议与技术改进(革新)、发明创造的区别 038
三、合理化建议的特征 039
四、合理化建议的内容 040
第二节 什么是合理化建议活动 041
一、合理化建议活动的概念 041
二、合理化建议活动的特点 042
三、合理化建议活动的作用 044
第三节 如何开展合理化建议活动 045
一、取得各级党政工领导的支持 046
二、建立合理化建议活动组织领导机构 047
三、制订合理化建议活动实施方案 049
四、做好对合理化建议活动的宣传发动 053
五、组织好合理化建议的征集 054
六、组织好合理化建议的实施 059
七、做好合理化建议的表彰奖励 064
八、做好合理化建议活动的总结评估 066

第三章 新时代班组建设创新实践

第一节 什么是班组建设 081
一、班组及班组建设的概念 081
二、班组建设的重要意义 081
三、班组建设的总体要求和目标任务 082
四、班组建设应遵循的原则 084

第二节 如何抓好班组建设 085
一、制定好班组建设的基本要求 085
二、加强对班组建设工作的指导 086
三、选拔、培养好班组长 091
四、注重提高班组成员素质 094
五、切实抓好班组安全生产 097
六、广泛开展班组竞赛 102
七、不断完善班组民主管理 107
八、进一步加强班组思想工作 115
九、实施“班组结对共建” 115

第四章 新时代职工技术创新工作创新实践

第一节 什么是职工技术创新 131
一、职工技术创新的概念 131
二、开展职工技术创新活动的意义 132
三、开展职工技术创新活动应把握的原则 133
第二节 企业工会如何引领好职工技术创新 134
一、企业工会引领职工技术创新的依据 134
二、企业职工技术创新中存在的瓶颈问题 135
三、企业工会领导职工开展技术创新活动的方法 136
四、企业工会如何引领职工开展技术创新 137
第三节 职工创新工作室创建 176
一、职工创新工作室的概念 176
二、职工创新工作室创建工作的重要意义 176
三、职工创新工作室创建工作的总体要求和目标任务 177
四、职工创新工作室的功能作用 177

五、职工创新工作室创建的基本原则 178
六、职工创新工作室创建标准 179
七、职工创新工作室的命名管理 180
八、推进职工创新工作室创建工作举措 180

第五章 新时代工会劳动保护工作创新实践

第一节 工会劳动保护概述 189
一、劳动保护的概念 189
二、工会劳动保护工作的概念 189
三、工会劳动保护工作的对象 189
四、工会劳动保护工作的目的 190
五、工会劳动保护工作的地位与作用 190
第二节 如何做好工会劳动保护工作 191
一、新形势下企业职工劳动保护工作存在的问题 191
二、新形势下企业职工劳动保护工作存在问题的原因分析 192
三、新形势下做好工会劳动保护工作的对策 193

第一章

新时代劳动竞赛工作创新实践

劳动竞赛是工会的一项传统工作，它在我国民主革命和社会主义建设时期都发挥了重要作用，更是新时代工会劳动和经济工作的重要内容。2018年10月，习近平总书记在同中华全国总工会新一届领导班子成员集体谈话时的讲话中指出，“劳动和技能竞赛是工会的传统优势、工作品牌，新时代要注入新内涵。要围绕树立新发展理念、推动高质量发展、建设现代化经济体系，引导职工以‘当好主人翁、建功新时代’为主题，深入开展各类竞赛活动，创新机制，常做常新，积极贡献智慧和力量”。进入新时代，国有企业工会组织应围绕国家和企业的重大战略、重大工程、重大项目、重点产业，广泛深入持久开展劳动和技能竞赛，积极参加群众性创新活动，汇聚起众志成城的磅礴力量。

第一节　什么是劳动竞赛

一、劳动竞赛的概念

所谓“竞赛”就是比赛。劳动竞赛是指在生产过程中人与人、集体与集体之间以生产劳动为内容而开展的比赛活动，是激发职工主人翁精神、调动职工工作积极性、团结动员广大职工投身国家经济建设和企业生产经营的系列活动。它是工会围绕中心、服务大局的重要手段和载体，它在工会工作全局中具有重要地位。

二、劳动竞赛的发展历史

劳动竞赛起源于 1919 年俄国十月革命胜利以后的苏联“共产主义星期六义务劳动”，是有史以来最早的社会主义劳动竞赛，至今已有百年的历史，它是工人阶级的伟大创举，是职工群众劳动积极性的产物。

我国最早的劳动竞赛始于 1932 年至 1934 年中央苏区开展的群众性竞赛活动。抗战时期，劳动竞赛有了更广泛的发展。1939 年在延安开展的“大生产运动”、1941 年在陕甘宁边区发起的“五一”生产大竞赛，都是规模宏大的竞赛活动。解放战争时期，各解放区工会组织开展了“增产立功运动”等“新英雄主义的竞赛”。

新中国成立初期，从 1953 年起，我国开始实施第一个五年计划。各级工会在全国职工中组织开展了技术革新运动和“社会主义竞赛”“先进生产者运动”等活动，掀起“比学赶帮超”的热潮。

改革开放初期，全国各系统和行业陆续组织开展“双增双节”、“挖潜增效”和为“四化”立功竞赛活动。进入21世纪，国家实行自主创新发展新战略，2006年，在全国组织职工开展了以创建“工人先锋号”为载体、以“当好主力军、建功‘十一五’、和谐奔小康”为主题的劳动竞赛。2011年，全国总工会制定并颁布《2011—2015年劳动竞赛规划》，广泛开展“当好主力军、建功‘十二五’”主题劳动竞赛。这是我国制定的第一个全国性五年劳动竞赛规划，标志着劳动竞赛的系统性和科学性有了重大发展。

进入新时代，习近平总书记对工人阶级和工会工作做出一系列重要论述，明确提出劳动竞赛在新时代要注入新内涵。2016年9月，全国总工会印发《2016—2020年劳动和技能竞赛规划》，首次把技能竞赛与劳动竞赛的概念相融合，体现了党和国家对职工技能提升、企业技术创新的高度重视。2021年7月，全国总工会印发《劳动和技能竞赛规划(2021—2025年)》，首次提出在推动高质量发展中充分发挥工人阶级主力军作用的竞赛基本原则。党的二十大后，面对新的机遇和挑战，劳动和技能竞赛进一步向新业态延伸，内容不断丰富、形式更加多样、领域不断拓展。

从我国劳动竞赛的发展历史中可以看出：劳动竞赛是工会在长期实践中形成的传统优势工作和品牌，是激发广大职工劳动热情的有效载体。尽管时代的发展、形势的变化使劳动竞赛的形式和内容发生了一定的变化，但劳动竞赛以其参与的广泛性、形式的多样性、目标的指向性、活动的竞争性、成果的效益性、机制的激励性等特色，彰显了劳动竞赛鲜活的生命力和持久力。

三、 开展劳动竞赛的重要意义

第一，开展劳动竞赛是调动和发挥职工生产积极性和创造性的有效方法。劳动竞赛是工会的一项传统工作。在工作实践中发现广大职工在正常施工生产中，由于常年的工作惯性，日复一日、年复一年，每天都干着同样的工作，导致部分职工的工作激情和创造性逐步下降，职业倦怠感突出。如何消除职工的职业倦怠感，激发他们的工作热情？在这个时候，劳动竞赛就派上了用场，适时开展好劳动竞赛，一方面可以让职工激发出创先争优的潜能和意识，另一方面也可以通过竞赛表彰增强职工的荣誉感和责任感，激发职工的劳动热情，消除职工的职业倦怠感。在竞赛周期内，使职工的干劲被激发、工作状态达到兴奋点、企业的生产效益也会随之得到明显改善。所以说，企业基层工会要结合工作实际，适时开展好劳动竞赛活动，有目的地调动和发掘职工的积极性和聪明才干，让职工看到自身的优势和才能，增强广大职工当家做主的自豪感和归属感，发挥出他们的力量和潜能，让劳动竞赛取得多赢。另外，这里需要注意的是，各单位在开展劳动竞赛时，不可以过频过滥，要适时、量力而行，在多种条件同时具备的情况下进行，真正保持住职工参与竞赛的劲头和积极性，否则，就会产生负面影响。

第二，开展劳动竞赛是有效促进企业可持续发展的重要途径。实践证明，企业要持续发展，必须以不断提高经济效益为核心，只有有效益，企业才可能生存下去、职工才可能有工资收入。而劳动竞赛正是一条能够促进企业提高经济效益的有效途径，一方面它能够调动职工的积极性促进生产任务的高效优质完成，把企业的中心任务转化为职工群众的自觉行为；另一方面它还能够通过职工的创新创造，有效解决企业生产经营中的现实矛盾和困难。

第三，开展劳动竞赛是维护职工合法权益的一项重要内容。工会工作的基本职能就是维护好广大职工的合法权益，而经济利益是其中最基本和最重要的权益之一。如何才能维护好这一基本权益呢？对基层工会来讲，就是要充分运用一切有效手段调动广大职工的积极性，让职工广泛参与到企业的各项生产经营活动中来，创效、保效、提效，只要企业完成了生产任务，有了效益，职工的利益才会有保障。古人说“皮之不存，毛将焉附”，其实就是这个道理。以胜利油田为例，持续开展“推动油田高质量发展劳动竞赛”，引领干部职工向“高质量勘探”“效益开发”“采油工程提质提效”“外闯市场创效”“生产运行管理提效”“专业化提质增效”“安全生产”“推进绿色油田建设”“提升油田产能建设项目投资效益”“推进油田新型后勤服务管理体系建设”“油区治安防范管理提升”等重点工作聚焦，竞赛在促进油田提质提效的同时，也使职工获得了竞赛标兵和个人立功的竞赛奖励，油田和职工在竞赛中都得到了经济利益。所以说，企业要开展好劳动竞赛，通过竞赛在促进企业发展的同时，让广大职工得到更多的实惠和好处。

第四，开展劳动竞赛是促进企业文化建设的有力支撑。这里主要是说：以竞赛文化促进企业文化，以企业文化助推竞赛文化。工作实践中，每一次高质量的劳动竞赛活动，都让职工们的思想素质、业务素质和精神面貌得到了一次新的提升，职工的凝聚力和竞赛的影响力也随之增强。最重要的是竞赛所起到的激励作用是其他工作无法代替的，因为竞赛紧密围绕生产、推动生产、创造效益。同时，在竞赛中涌现出一批业务精英和骨干能手等先进典型，成为广大职工身边学习的榜样，这些典型、榜样，又有力地促进了企业文化建设。所以，各企业工会组织在抓好竞赛开展的同时，要把劳动竞赛融入企业文化建设之中，以竞赛文化促进企业文化，以企业文化助推竞赛文化。

从以上四个方面可以看出，劳动竞赛是一项非常有利于企业发展、有利于调动广大职工积极性的好形式、好载体、好抓手，因此，各企业工会要充分利用好这个载体、抓手，把竞赛工作开展好。工作中，各级工会干部要树立"有为才有位"的思想，只有把工作干好了，才能得到各级组织和领导的认可，才能得到职工群众的认可。只要各级组织认可了、职工群众认可了，各级工会在企业发展大局中就会有一定的位置。近年来，许多企业持续开展了具有针对性和企业特点的劳动竞赛，由于重点突出、覆盖面广、作用大、效果好，其他业务部门都积极主动要求加入劳动竞赛中来，这也充分反映了工会的价值所在。

四、 劳动竞赛的内容和特点

劳动竞赛具有丰富的内容，包括生产、经营、质量、效益、安全、环保、技术创新、队伍管理等，可以说它包含了整个企业管理的方方面面，它已经成为企业综合管理的重要手段，始终贯穿于企业管理的全过程。具体到国有企业来讲，劳动竞赛的内容要与企业的发展目标和中心任务保持一致，要围绕企业的阶段重点工作、公司效益、安全生产和提高工作质量、生产效率、职工业务素质以及降本节支等工作开展竞赛。劳动竞赛作为组织和激励职工进行生产和管理的一种有效方式，它有哪些特点呢？归纳起来，有四个鲜明的特点，即群众性、广泛性、民主性和科学性。

（1）群众性。群众性是劳动竞赛的首要特点，是竞赛的精髓，也是劳动竞赛具有生命力的基础。竞赛的群众性不仅表现在它吸引了广大职工群众自动自发参加，还表现在它在指导思想和各个环节上都坚持了依靠职工群众的方针，强调了职工的主人翁责任感和职工在竞赛中的主体地位，以及在竞赛过程中职工群众自我教育、自我激励，为企业创造一流业绩、做出一流贡献的自觉性。这些都充分说明了劳动竞赛具有鲜明的群众性。

（2）广泛性。广泛性是劳动竞赛的基本特点，是劳动竞赛具有强大生命力和巨大推动作用的原因之一。广泛性主要表现为竞赛参与者的广泛性、竞赛内容的广泛性、竞赛影响的广泛性。首先，竞赛参与者的广泛性是指无论是生产一线职工、技术人员，还是经营管理人员、政工人员，都可以参加竞赛。其次，竞赛内容的广泛性是指从企业生产管理到经营管理再到党群管理的各个方面，都可以纳入竞赛。再次，竞赛影响的广泛性是指通过对竞赛先进集体和先进个人的表彰以及对先进经验的推广，在职工中形成了“比学赶超”的热潮，使劳动竞赛成为广大职工群众心目中的“有感竞赛”。

（3）民主性。民主性是指劳动竞赛是企业民主管理的基础，是职工群众参与企业生产管理的最重要形式，是参与企业民主管理的最有效方法。

（4）科学性。科学性是指通过竞赛立项、宣传动员、组织实施、考核评比、总结表彰等一些具体环节，使竞赛形成了一个科学严密的系统工程。

除了上述四个特点，劳动竞赛还有针对性、时效性、可比性和灵活性等特点。

五、 劳动竞赛的分类

劳动竞赛有狭义和广义之分。狭义的劳动竞赛特指生产竞赛。广义的劳动竞赛是职工经济技术活动的统称，包括生产型竞赛、智能型竞赛和技能型竞赛。生产型竞赛，是指通过调动职工积极性，促进国家或企业完成某一项生产任务而开展的生产竞赛活动。智能型竞赛，是指通过开发职工智能、促进技术进步和加强经营管理而开展的竞赛活动。技能型竞赛，是指通过帮助职工掌握岗位技能操作、促进职工技能水平普遍提高而开展的竞赛活动，包括岗位练兵、技能比赛等，又称职工技能素质提升活动。

客观来讲，劳动竞赛的分类比较复杂，可按竞赛的时间、规模、参赛人员三个维度来进行分类：

（一）按照竞赛时间划分

(1) 长周期竞赛。是指比赛时间跨度较长的劳动竞赛，基本上是以一年以上为一个竞赛周期。比如，全国总工会开展的“建功‘十四五’、奋进新征程”主题劳动和技能竞赛，时间跨度是五年。以胜利油田为例，油田层面开展的“推动油田高质量发展”劳动竞赛，时间跨度是一年；油田各直属单位、基层单位层面也把全年作为一个竞赛周期。比如，胜利采油厂开展的“九优双十佳”精益管理劳动竞赛、孤岛采油厂开展的“建功孤岛杯”主题劳动竞赛、东辛采油厂开展的“比学赶帮超高质量发展”劳动竞赛、现河采油厂开展的“精细管理”劳动竞赛，都是以一年为一个竞赛周期。

（2）短周期竞赛。是指比赛时间较短的竞赛，基本上以一个月、两个月、三个月，最多不超过半年为一个周期的突击性、攻关性竞赛。这类竞赛就是各基层单位平时开展的阶段性“短平快”竞赛。比如，“奋战100天，夺油上产”劳动竞赛，就是短周期竞赛。在工作实践中，各基层单位开展的劳动竞赛，一般是长周期与短周期相结合来进行的。

（二）按照竞赛规模划分

（1）大规模竞赛。是指规模较大的全国性、地区性、行业性的劳动竞赛。比如，全国总工会开展的全国性的“当好主人翁、建功新时代”主题劳动和技能竞赛；又比如，新疆总工会与中国能源化学地质工会、中国石油、中国石化联合开展的“新疆地区油气勘探开发‘建新疆大庆、扬石油精神、立时代新功’主题劳动和技能竞赛”等，这些都是大规模竞赛。

（2）小规模竞赛。小规模竞赛是指企业内部不同单位、班组之间开展的规模较小的劳动竞赛。比如，胜利油田在基层单位和班组中开展的“单体细胞创新创效劳动竞赛”，就是小规模竞赛。

（三）按照竞赛参赛人员划分

（1）集体赛。是指企业与企业之间、企业内部单位（如车间、班组）之间以集体为单位开展的竞赛。比如，企业各基层单位开展的“QHSE管理优胜班组竞赛”“经营创效优胜班组竞赛”“三标管理优胜班组竞赛”等，就属于集体赛。

（2）个体赛。是指在职工个人之间开展的竞赛。比如，企业各单位开展的争当“岗位建功标兵”、“科技增油标兵”、“运行保障标兵”、“降本增效标兵”、三标管理“小能手”、设备维护“小能手”、提质增效“小能手”等竞赛，就属于个体赛。

第二节　如何开展好劳动竞赛

劳动竞赛是工会协助企业开展的一项活动。各企业在开展竞赛的过程中，要掌握好工作方法，也就是说如何从顶层上去设计竞赛方案、怎么去挑选竞赛项目，怎么去抓好竞赛的过程管理？这里面有思路、有方法、有技巧。

科学的工作方法就是“过河的桥、渡河的船”。毛泽东同志曾说：“我们不但要提出任务，而且要提出解决完成任务的方法问题。我们的任务是过河，但是没有桥或船就不能过。不解决桥或船的问题，过河就是一句空话。不解决方法问题，任务也只是瞎说一顿。”从毛泽东同志的论述中，各级工会干部要懂得：要想抓好劳动竞赛，就必须掌握科学的方法，只有掌握正确的工作方法，才能让劳动竞赛在基层落地。设想一下，作为企业的工会干部，如果没有科学的方法，即便提出的劳动竞赛目标或任务是正确的，道理讲得再清楚，没有好的工作方法来实行它，竞赛也会变成空话。

从宏观上讲，具体到一个企业的劳动竞赛，应该如何抓呢？关键要从两个方面入手：一方面要融入中心，争取行政支持，在年初费用预算中，列出劳动竞赛专项奖励经费，将推动企业高质量发展作为竞赛活动的着力点，把提质增效、降本节支、安全生产作为劳动竞赛的切入点，引领员工创先争优“比学赶帮超”，为企业发展多做贡献。另一方面，企业工会作为竞赛的牵头组织部门要搭台，让各业务部门来组织各项竞赛，建立健全“纵横互补，上下结合”的劳动竞赛组织体系。同时，将考核权授予组织竞赛开展的各业务部门，让它们来负责竞赛考核。与此同时，还应建立劳动竞赛月度或季度例会制度，定期每月、每季对劳动竞赛开展情况进行总结，并结合工作实际，对下一步竞赛进行优化。最终形成“党政主要领导重视抓、工会牵头统筹抓、各业务部门具体抓”的强有力的竞赛格局。

具体到一项劳动竞赛如何抓？在工作实践中，探索出了抓好竞赛的“3456”工作法，即树立三个观念、提升四种能力、做到五个结合、抓好六个步骤。

一、 与时俱进， 树立三个观念

（1）树立系统观念，注重顶层设计。树立系统观念，就是要做到统筹兼顾、把握重点、整体谋划、协同推进。因此，各企业工会在制定劳动竞赛方案时，要用系统观念，从顶层上来思考企业竞赛方案的系统性、整体性、协同性，形成竞赛的合力。要坚持结果导向，最终通过竞赛见到了哪些实实在在的效果，这个效果不是写出来的、不是虚的，而是经实践检验后的真实效果。

（2）树立品牌观念，给竞赛冠一个好名。树立工会工作品牌是工会组织进一步增强凝聚力和感召力的需要，同时也是职工对工会组织的要求。一个好的工会工作品牌可以提高职工对工会的认知度和信任度，增强工会的凝聚力和影响力，它能够进一步推动工会工作的展开。作为工会干部，在工作中要认识到工会工作品牌的重要性，要有品牌意识，尤其是在塑造劳动竞赛品牌上要动脑筋、下功夫。下面，以胜利油田的“单体细胞创效”劳动竞赛品牌为例，阐述一下工会如何做好竞赛品牌的培育。工作中，胜利油田工会从如何培育一个有特色、有亮点、叫得响的劳动竞赛品牌角度出发，经过思考论证和实践探索，创造性引入“细胞”这个概念，把每一口井、每一台设备、每一个指标、每一个项目、每一个生产单元、每一个班组、每一项费用、每一项工作，都看作企业创效的一个“单体细胞”，提出了“单体细胞创效”劳动竞赛这个冠名，由于这个冠名有特色，生动形象、好理解、容易记，很快在油田基层单位成为一个人人皆知的劳动竞赛品牌。从以上“单体细胞创效”劳动竞赛这个案例中，我们可得到一个启示：就是一个好的竞赛冠名，能够盘活竞赛一盘棋；一个好的竞赛冠名，能够使竞赛具有强大的影响力。所以说，各企业在开展劳动竞赛时，要树立品牌意识，多创出一些有影响力、有知名度的竞赛品牌。

（3）树立“有感竞赛”观念，让竞赛人人有感觉。劳动竞赛开展的成功不成功，关键在于广大职工对这个竞赛知道不知道，有没有感觉。因此，各级工会在开展竞赛时，首先，做好对竞赛活动的宣传发动工作，把竞赛方案、竞赛内容、竞赛项目、竞赛评比向全体职工讲清楚，做到尽人皆知；其次，做好对竞赛表彰奖励的宣传，做到一人得荣誉，全体职工受激励。采取竞赛表彰大会和送荣誉到基层、到班组、到现场等有效形式，大张旗鼓地通过网络新闻、微信平台、宣传栏、简报等宣传形式，多角度、全方位地宣传竞赛中受到表彰的集体和个人，使职工充分感受到竞赛不仅是竞技场，还是荣誉场，让他们劳有所得，功有所奖，绩有所扬，以此来调动职工参与劳动竞赛的积极性、主动性，提升竞赛的影响力和辐射力，切实把竞赛打造成领导有感觉、职工群众有感觉、人人都有感觉的“有感竞赛”。

二、 踔厉奋发， 提升四种能力

(1) 提升顶层设计的能力。顶层设计的能力，是企业工会干部对劳动竞赛的思考力、谋划力，是制订劳动竞赛方案的能力。这里最关键的一点是要提升企业基层工会干部懂生产的能力，各企业的工会主席、副主席、其他工会干部作为劳动竞赛方案的顶层设计者，要懂生产、懂经营，只有懂，才能设计出一个好的竞赛方案。如果不懂生产、不懂经营，是无法设计出一个好竞赛方案的。这个顶层设计的能力，考验的是企业工会干部的个人综合能力。

(2) 提升写作的能力。作为工会干部，不仅要能想、能思考、能策划，还要能把自己想的写出来，比如，写劳动竞赛实施方案、劳动竞赛评比通报等。写作能力是各级工会干部最基本的能力，是干好工作的立身之本，是自己成长必不可少的一项技能，是一种核心的素质。所以说，各级工会干部想干好工会工作，就要提升自身的写作能力。写作能力与组织协调能力是基层工会干部最重要的两个能力。

(3) 提升指导基层开展好劳动竞赛的能力。作为企业工会干部，要具备上级工会指导下级工会开展好劳动竞赛的能力。以国有石油企业为例，这种能力是层层向下传递的，既有油田工会指导下级直属单位工会开展劳动竞赛的能力，又有直属单位工会指导下属基层单位工会开展劳动竞赛的能力，更有基层单位工会指导下属基层班组开展劳动竞赛的能力。以胜利油田工会为例，工作中，油田工会以身作则，充分发挥“引领统筹、指导服务、监督监控”的职能作用，下大力气在指导直属单位工会竞赛上下功夫、练内功，先后帮助直属单位油气井下作业中心工会策划制订了“提质提速提效争杯扛旗”劳动竞赛实施方案，帮助电力分公司工会策划制订了电网检修“单体细胞创效”劳动竞赛实施方案，帮助车辆管理中心工会策划制订了“破三关、提四效单体细胞创效”劳动竞赛实施方案，指导油田重点工程——东营原油库迁建工程项目部策划制订了“东营原油库迁建工程‘四比四赛、争杯夺旗’”劳动竞赛实施方案。通过发挥油田工会的指导帮扶作用，使各直属单位的劳动竞赛水平有了一个质的飞跃，油田劳动竞赛的整体水平得到了有效提升。

(4) 提升沟通协商的能力。各企业工会在组织劳动竞赛时，需要上下左右沟通协商，才能把这项工作干好。一方面，企业工会要横向上与机关业务部门沟通协商，让它们制定竞赛项目，担任竞赛组织的“主角”。另一方面，纵向上要与企业的厂长、经理沟通协商，争取他们对竞赛的支持；与基层的干部职工沟通协商，征求竞赛在基层能否开展的意见。

三、 笃行实干， 做到五个结合

(1) 做到“围绕中心”与“服务生产经营”相结合。企业各级工会在组织开展劳动竞赛时，要根据围绕企业中心工作、服务企业生产经营两大主题来开展劳动竞赛，把广大职工的智慧和力量引导到推动企业高质量发展上来。

（2）做到“与时俱进”与“开拓创新”相结合。企业基层工会要紧跟新时代、新形势、新任务、新要求，转变观念、更新理念，在与时俱进中，不断拓宽竞赛的领域、深化竞赛的内涵、创新竞赛的方式，使竞赛体现出时代的新特征、充满时代的新气息，让竞赛在创新中发展、在发展中创新，努力做到常赛常新。

（3）做到“以人为本”与“激发职工活力”相结合。广大职工是企业劳动竞赛的主体。因此，各级工会作为竞赛组织者，要坚持以人为本的理念，从着眼于最大限度地调动和发挥广大职工的积极性、着力激发广大职工参与劳动竞赛的内在活力入手，开展好劳动竞赛。

（4）做到“全覆盖”与“全参与”相结合。劳动竞赛的基本特色在于它的群众性。只有人人都参与，才能体现出竞赛的群众性。因此，在组织开展劳动竞赛时，要克服竞赛覆盖面不高、职工参与率低的问题，努力扩大劳动竞赛的覆盖面、提高职工的参与度，做到对重点工作全覆盖，让广大职工全参与。

（5）做到“工作实际”与“竞赛实效”相结合。各企业工会在组织劳动竞赛时，要坚持从实际出发，结合本单位工作实际，因地制宜地制订适合本企业的劳动竞赛实施方案，使竞赛做到有效果、有实绩。

四、推进落实，抓好六个步骤

（1）争取领导重视和支持。核心是要得到企业厂长（经理）的重视和支持。劳动竞赛开展的是否扎实，是否有声有色，是否成效显著，关键在于企业厂长（经理）是否重视竞赛、是否支持竞赛。企业领导对竞赛的重视和支持是工会开展好劳动竞赛工作的必备条件，是排在第一位的。只要企业厂长(经理)重视了，竞赛就成功了一半。

(2) 建立竞赛组织领导体系。核心是企业要建立一个完善的劳动竞赛组织领导体系。除了企业的厂长(经理)重视支持，还要组建以企业“一把手”为竞赛主要责任人的组织领导体系，做到工会牵头抓总、党政工团齐抓共管、各个部门共同参与，明确各级领导在劳动竞赛中的职责，分解各个部门在劳动竞赛中的任务，做到既各司其职又相互配合。它是一切劳动竞赛的组织保证。通过建立竞赛组织领导体系，为竞赛在企业全面开展提供强大的组织力、领导力、推动力。

(3) 科学制订竞赛方案。核心是顶层制订一个符合企业发展需求的、切实可行的竞赛方案，这是竞赛能否开展好的关键一步。工作实践证明：计划比实施更重要。竞赛方案制定的优劣对竞赛活动开展的效果起着关键性作用，竞赛方案一定要切合实际，既要针对工作中的重点、难点问题开展，又要兼顾生产的全面，参赛范围要体现“全员性”，竞赛标准要体现“竞争性”，评比办法要体现“科学性、公正性”，奖励兑现要体现“及时性”，做到“七有”，即有竞赛主题、有竞赛项目、有竞赛内容、有竞赛指标、有竞赛评比办法、有竞赛考评细则、有竞赛表彰奖励，形成一个闭环管理。劳动竞赛方案制订这项工作说起来容易，做起来比较难，它是整个竞赛的核心。科学制订竞赛方案，应从四个方面做起：

一是明确竞赛方向。方向很关键、很重要。方向决定出路。长征中有一个伙夫同志的故事：红军过草地的时候，伙夫同志一起床，不问今天有没有米煮饭，却先问向南走还是向北走。这说明在红军队伍里，即便是一名炊事员，也懂得方向问题比吃什么更重要。如果在方向问题上出现偏离，就会犯颠覆性的错误。同样的道理，方向问题对企业的劳动竞赛来说也十分重要。那么，作为劳动竞赛的组织者，企业工会怎么来确定竞赛的方向呢？关键一点是要到企业年度工作报告、职代会工作报告中去找，报告中讲的重点工作就是企业劳动竞赛的方向。只有把准了方向，竞赛才跑不偏，才能紧跟企业的部署去发挥工会的作用。劳动竞赛只有融入企业的中心工作，抓到厂长(经理)的心坎里去，才能受到重视，才能得到支持。

二是找准竞赛重点。竞赛方向明确之后，下一步要找好竞赛的重点。这里要用辩证的思维来看待这一问题，分清主次，正确处理好一般与重点、主要矛盾和矛盾的主要方面之间的关系，要将那些制约、影响、决定企业发展的主要矛盾和矛盾的主要方面来作为竞赛的重点。例如，企业职代会报告中提到了挖潜增效工作，并以文件形式下发挖潜增效实施方案，这对企业工会来说，就是一个很好的竞赛重点，这时，企业工会就要主动与有关部门结合，将竞赛向挖潜增效聚焦。还有，企业厂长(经理)重点关注的、想抓的工作，也是竞赛的重点。所以，企业工会在制订竞赛方案时，要向厂长(经理)、副厂长(副经理)、业务部门经理征求竞赛意见，与他们交流，看看他们的关注点在哪里，他们想抓的工作是什么，这样才能确保劳动竞赛不偏离企业的中心工作。很重要的一点，企业工会在制订竞赛方案时，前期务必要向厂长(经理)汇报、征求意见，让企业主要领导点题、分管领导命题、业务部门出题，这样才能找准竞赛重点，不跑偏。

三是选准竞赛项目。劳动竞赛的重点找准之后，下一步要按照“能比赛、能量化、能考核、能排名、能落地”的“五能”原则和“抓重点、重点抓”的思路，挑选竞赛项目。挑选劳动竞赛项目的工作也不是一件简单的事情，不是一蹴而就的，需要下一番功夫、费一番脑筋。对那些不能比赛、不能量化、不能考核、不能排名、不能落地的项目，不能选。只有能比赛、能量化、能考核、能排名、能落地的项目和工作，才能列为竞赛项目。另外，在选取竞赛项目时，要从扩大竞赛覆盖面、提高职工参与度、提高职工在竞赛中的授奖率出发，降低竞赛门槛，让更多的职工参与到竞赛中来。企业工会干部要改变原来竞赛就是评比最优、最佳、最好集体或个人的旧有做法，原有做法的最大不足是职工授奖率低，不能激励更多的职工。因此，新形势下，企业工会应从扩大竞赛覆盖面和增加竞赛项目入手，尽量让每个职工都有适合自己的竞赛项目，以提高竞赛的覆盖面和职工的参与度，最大限度地做到人人都是参赛“运动员”。在扩大竞赛覆盖面、提高职工参与度的基础上，还要提高职工在竞赛中的获奖率。比如，企业基层工会可以从关注职工的小进步、小贡献入手，以小发明、小创造、小革新、小设计、小建议、小指标、小进步、小提升为竞赛的主要内容，在爱岗敬业、无私奉献、吃苦耐劳、任劳任怨、技能高超、创新创效等多个维度，设置更多竞赛项目，提高竞赛覆盖面，扩大竞赛的激励范围，破解职工的职业倦怠感。

另外，还应注意，各级工会在安排业务部门制定竞赛项目时，不能大撒手，不能业务部门制定完竞赛项目，就不管了。作为竞赛的牵头组织部门，企业工会要把关审核一下这些竞赛项目到底合不合适。

这一点很重要。比如，某企业工会在挑选“推动高质量发展劳动竞赛”项目时，先后组织多个企业竞赛的牵头业务部门，召开两次竞赛项目讨论会，反复论证设置的竞赛项目到底合不合适，能不能开展、能不能比赛。又与每个劳动竞赛牵头部门，针对每一个竞赛项目面对面地沟通协商，最终帮助企业的各业务部门挑选出了能比能赛的竞赛项目。

从以上工作实践中，广大工会干部应该认识到：劳动竞赛是企业各级工会协助企业管理者抓生产、促管理、降成本、增效益的一项群众性生产工作，也是各级工会协助各级党组织抓职工队伍建设的一项思想政治工作。它是融入企业中心工作最紧密、最有效、最显著的群众性工作，所以说，企业各级工会要把劳动竞赛工作抓好、开展好。

四是科学制定竞赛考评办法。办法是工作中的金钥匙，办法对了，工作就能顺利推进；办法不对，工作就会受阻。在选出劳动竞赛项目后，下一步就是要针对每个竞赛项目制定出具体的考评办法来，怎么考，怎么评？都需要提前谋划好。如何制定竞赛的考评办法，就是要与这项工作的日常考核融为一体、同频共振，不能“两张皮”，要把握好五个理念，即工作的内容就是竞赛的内容，工作的过程就是竞赛的过程，工作的考核办法就是竞赛的评比办法，工作的考核标准就是竞赛的评比标准，工作的考核结果就是竞赛的评比结果。各级工会应把握住这五个理念，在制定竞赛考评办法时，与本企业的业务部门结合，细化每一项竞赛考核办法，突出量化考核。一般情况下，一个单项竞赛的考评办法包括“竞赛牵头部门”“参赛单位”“竞赛内容”“竞赛指标”“评比办法”“考评方法”等内容。

下面，以某石油企业“推动高质量发展劳动竞赛”中的“高效产能建设劳动竞赛”项目为例，阐释一下“如何制定竞赛的考评办法”。

案例

高效产能建设劳动竞赛

竞赛牵头部门：油气开发管理中心

参赛单位：采油厂（油公司）

竞赛内容：围绕年度油田新区新建产能建设工作目标，持续强化滚动勘探发现，加快区带勘探成果转化；积极加大难动储量效益开发力度，全力推进新区高质量产能建设；持续推进老区井网调整力度，提升产能建设质量，打好高效建产攻坚战。

竞赛指标：①产能建设完成率，占竞赛考核权重40%；②产能建设贡献度，占竞赛考核权重20%；③单井产能符合率，占竞赛考核权重40%（注：竞赛指标的设定非常关键，它决定着如何去考核这项竞赛，决定着考核合不合理，科不科学，决定着这项竞赛到底能不能开展）。

评比办法：按照以上3项竞赛指标进行综合评比，每季度考核一次，年终根据四个季度考核结果加权平均，评选“高效产能建设劳动竞赛优胜单位”。

考评方法：高效产能建设竞赛得分=（一季度产能建设竞赛得分+二季度产能建设竞赛得分+三季度产能建设竞赛得分+四季度产能建设竞赛得分）/4。

其中：季度产能建设竞赛得分=产能完成率得分×40%+产能建设

贡献度得分×20%+单井产能符合率得分×40%。

产能建设完成率得分=(当期实际累计完成产能/当期累计建产目标任务×100%)×100，最高分为100分。

产能建设贡献度得分=(当期累计完成产能/当期油田累计完成产能×100%)×100。

单井产能符合率得分=(当期投产油井平均单井产能/方案设计单井产能×100%)×100。

从以上案例中看出，制定一套科学的竞赛考评办法不是轻轻松松就能完成的，它有一定的难度，它对企业开展好劳动竞赛来说非常关键，它决定着每一项竞赛到底能不能在企业开展和落地的问题。

总之，结合“明确竞赛方向、找准竞赛重点、选准竞赛项目、科学制定竞赛考评办法”四个方面，思考、谋划，就能制订出一个比较科学、实用、管用、符合企业自身需求、切实可行的劳动竞赛方案。

(4) 抓好竞赛过程管理。核心是破解竞赛缺乏过程管理的问题。过程管理是对达成目标而实施的重要环节管理。对劳动竞赛来讲，不能年初下个竞赛方案、年终搞个总结评比就完事了，这是典型的不注重过程管理。各级工会在推进竞赛的过程中，一定要注重过程管理。怎么抓好竞赛的过程管理呢？这需要有恒心、有韧劲，有一抓到底的劲头才行。重点抓好月度、季度、半年、年终等不同阶段的竞赛“考核、评比、表彰、奖励兑现”等管理工作，推动竞赛环环相扣、步步紧跟。在过程管理中，突出的一点是抓好竞赛考核和评比工作。竞赛的考评时间不能间隔太长，从工作实践经验来看：企业直属单位层面竞赛，至少一个季度考评一次；基层单位层面竞赛，建议一个月考评一次，做到与月度绩效考核同步；全企业层面竞赛，至少半年考评一次。否则考评跨度时间长了，广大职工对竞赛就缺乏感觉，导致竞赛成为一个“无感竞赛”，不利于竞赛的开展。在劳动竞赛考评中，不要走过场和流于形式，要按照竞赛考评办法去落实，避免和防止敷衍了事、走过场、搞平衡、好人主义等现象的发生，切实把竞赛做成人人都有感觉的“有感竞赛”。

企业工会作为竞赛牵头组织部门，既要当好裁判员，又要当好监督员，应以“七有”竞赛标准，来衡量一个企业竞赛抓的实不实、开展的好不好。“七有”竞赛标准，即有贯穿全年的竞赛主题、有竞赛实施方案、有竞赛评比标准、有季度竞赛考核评比、有季度竞赛评比公报、有季度竞赛表彰、有季度竞赛奖励兑现。只有达到“七有”竞赛标准，企业的竞赛才算实现了全过程管理。工作实践告诉我们：千忙万忙，不抓过程管理就是瞎忙；千部署万部署，不能落实就是没部署。所以，企业各级工会干部要有真抓的实劲、敢抓的狠劲、善抓的巧劲、常抓的韧劲。只有把竞赛抓好了，企业的劳动竞赛工作才能充满生机和活力。如果抓不好过程管理，再好的蓝图也是空中楼阁。因此说，能否做到过程管理，是衡量企业工会干部作风、能力、水平的重要标志。企业工会干部应发扬孺子牛、拓荒牛、老黄牛“三牛”精神，俯下身子，脚踏实地，一步一个脚印地把劳动竞赛过程管理落到实处。

（5）抓好竞赛结果运用。核心是将竞赛结果运用到促进企业管理、提质增效上来，提升竞赛结果应用的效能。重点要抓好三个方面：

第一个方面，企业内部应自下而上、逐级建立一套竞赛结果通报评价机制，即建立竞赛结果定期通报会机制。由企业工会组织竞赛考核部门依托企业内部各层级月度、季度工作例会、生产会，将月度、季度劳动竞赛考核排名结果在工作例会或生产会上进行通报，点评排名靠前竞赛单位为什么搞得好，评价这些竞赛先进单位好在什么地方，有哪些值得其他单位学习的好做法好经验。同时，点评竞赛末尾单位为什么靠后，它们的差距、短板和不足在哪里，并由竞赛考核部门为竞赛末尾单位制定出具体的帮扶指导措施，在下一次竞赛考评结果通报会上，汇报对末尾单位的帮扶效果，效果不理想的要重新调整帮扶措施，继续帮扶。通过狠抓竞赛考评结果的应用，推动劳动竞赛“指挥棒”作用的发挥，调动竞赛考核部门和参赛单位工作积极性，推动企业各项管理工作上水平。

第二个方面，在竞赛结果运用上，应将竞赛结果纳入立功表彰机制，给予在竞赛中业绩突出的先进集体和先进个人一、二、三等功立功表彰，并给予个人立功奖励。以胜利油田为例，每年油田劳动竞赛个人立功大约 500 人次，有效激发了广大职工参与劳动竞赛的积极性和主动性。一名竞赛立功受奖驾驶员非常感慨地说：“这块立功奖章是对我最大的认可，开了几十年车，获得了不少的荣誉，但是从来也没想到还能立功。这块奖章让我浑身热乎乎的，心里感到特别温暖。我们单位开展的‘单体细胞创效工程’劳动竞赛，改变了我对以往劳动竞赛的认识和看法，它不仅给了我展示的平台，更给了我创新创效的动力。我要将这块奖章挂在家里最显眼的位置，让我的家人和朋友都看到。我可以很自豪地告诉他们：我们驾驶员不仅能开车，也能立大功。”

第三个方面，企业各级工会应增强劳动竞赛表彰的仪式感，建立竞赛结果“送荣誉、送喜报到基层、到班组、到岗位”长效机制，对竞赛中评比出的先进集体和个人，分别由各级工会主席、副主席，其他工会干部把荣誉和喜报送到获奖基层单位、班组和岗位，现场表彰颁发证书、奖牌、锦旗，以此激励带动更多职工投入劳动竞赛中来。以胜利油田为例：对获得工会系统国家级、省部级“五一劳动奖状”“工人先锋号”“先进集体”“全员创新企业”“劳动模范”“五一劳动奖章”等荣誉称号的集体和个人，由油田工会副主席把荣誉送到获奖集体和职工个人手中；对获得工会系统集团公司级、油田级“工人先锋号”“三八红旗先进集体”“劳动竞赛优胜集体”“劳动竞赛标兵”“立功个人”“劳动模范”等荣誉称号的集体和个人，由油田直属单位工会主席、副主席把荣誉送到集体和职工个人手中；对获得工会系统油田直属单位级和基层单位级“劳动竞赛先进集体”“先进个人”等荣誉称号的集体和个人，由基层单位工会主席和基层单位领导班子成员把荣誉送到获奖集体和职工个人手中。油田各级工会开展的表彰到基层活动，受到了广大干部职工的欢迎，有效激发了干部职工的积极性。

(6) 做好竞赛成效评估。核心是对竞赛做一个回头看，总结得与失。它是竞赛的重要一环，肩负着承前启后、继往开来的重任。竞赛结束后需要及时做一个全面的评估，回头看一看，通过竞赛取得了哪些成果，有哪些好的经验值得今后借鉴，还有哪些经验教训值得今后改进？因此说，做好竞赛评估这项工作很重要，它能指导企业的劳动竞赛在下一个年度开展得更好。

概括起来，对如何开展好劳动竞赛，应把握好以下八个方面的规律认识：

第一点，企业自身发展的内在需求，是开展好劳动竞赛的必然要求。

第二点，党政主要领导的重视和支持，是开展好劳动竞赛的根基所在。

第三点，各级工会组织作用发挥得好，是开展好劳动竞赛的关键所在。

第四点，构建一支负责任、有能力、敢担当、善落实的工会干部队伍，是开展好劳动竞赛的根本所系。

第五点，科学制订一套适合企业需求的竞赛方案，是开展好劳动竞赛的核心要义。

第六点，抓好全过程管理，是开展好劳动竞赛的重要保障。

第七点，运用好竞赛结果，是开展好劳动竞赛的价值所在。

第八点，做好竞赛成效评估，是开展好劳动竞赛的又一个起点。

第三节　如何开展“工人先锋号”创建活动

一、“工人先锋号”的由来

早在 1984 年，为有效开展劳动竞赛，北京公交公司工会结合公交系统流动、分散的行业特点大胆创新，在北京市总工会的大力支持下命名了一批“工人先锋号”车组，从此在全国开争创“工人先锋号”活动的先河。为了指导和推动创建“工人先锋号”的深入开展，2007 年 8 月 20 日，全国总工会颁发《关于深入开展创建“工人先锋号”活动的实施意见》，开始在全国统一部署开展创建“工人先锋号”活动，旨在全国范围内鼓励和表彰在各自岗位上表现突出的工人群体。同年9月，全国铁路总工会在呼和浩特铁路局福生庄养路工区召开现场会，隆重命名了“毛泽东号”“周恩来号”“朱德号”机车组、小东站和福生庄养路工区为第一批铁路“工人先锋号”。这一命名活动迅速掀起了创建“工人先锋号”的热潮。

如今，“工人先锋号”创建活动已经从传统窗口服务行业扩展到所有产业领域。这些先进集体，不论地域、行业、工种、岗位，都以车间、工段、班组为阵地，以一流工作、一流服务、一流业绩、一流团队为目标，充分张扬当代中国工人阶级的先进性，从而赋予了“工人先锋号”全新的内涵。随着创建活动的推进，“工人先锋号”正逐渐成为一张闪亮的工会“名片”。

二、 开展创建“工人先锋号”活动的重要意义

深入开展创建“工人先锋号”活动，是推进“建功‘十四五’、奋进新征程”主题劳动和技能竞赛活动的重要抓手，是依靠主力军、建设主力军、发展主力军的重要举措，是激励职工立足本职、勤奋工作、学赶先进、争创一流，展示主力军作用和主人翁风采的有效载体。实践证明，开展创建“工人先锋号”活动，有利于激发职工热爱本职、钻研技术、创新管理、提高效益的工作热情和创造活力；有利于发挥广大职工在国家经济社会发展中的主力军作用；有利于促进和谐劳动关系、和谐企业、和谐社会建设；有利于扩大工会组织的影响力、吸引力和感召力。

三、 开展创建“工人先锋号”活动的总体要求

以依靠主力军、建设主力军、发展主力军为目标，以发展先进生产力、促进社会进步、服务人民群众为重点，以创一流工作、一流服务、一流业绩、一流团队为内容，以发挥榜样激励作用、争创先进团队为途径，使“工人先锋号”成为引领职工发扬工人阶级优良传统，发挥工人阶级主力军作用，推动社会主义和谐社会建设的旗帜；成为引导职工立足本职、爱岗敬业，刻苦学习、忘我工作，不断进取、甘于奉献的载体；成为全国统一、长期坚持、职工认可、影响广泛的劳动竞赛活动品牌。

四、“工人先锋号”的授予对象和基本条件

（一）“工人先锋号”的授予对象

“工人先锋号”的授予对象是全国各类企事业单位中为推动经济社会发展做出突出贡献，并具有时代性、先进性和示范性的车间、工段、班组。

（二）“工人先锋号”的基本条件

（1）具有一流素质。坚持以科学理论为指导，认真执行党的路线方针政策，自觉遵守国家法律法规和各项规章制度，注重加强思想作风和业务素质建设，有强烈的主人翁责任意识、良好的职业道德和较高的技能水平。

（2）创造一流工作。坚持与时俱进、开拓创新，工作深入扎实，管理科学民主，牢固树立技术创新意识和节能环保意识，积极总结推

广先进经验，工作效率、管理水平和创新能力居同行业领先水平。

（3）提供一流服务。坚持文明、优质、诚信的服务理念，积极开展服务创新，不断提高服务质量，努力为客户提供热情周到、规范满意的服务，社会满意度和公众认可度高，服务技能和服务质量居同行业领先水平。

（4）取得一流业绩。坚持开展各种争先创优活动，工作成绩突出，经济效益和社会效益显著，无人身安全事故和重大质量、设备事故，在发展先进生产力、促进社会进步、服务人民群众等方面做出了积极贡献。

（5）建设一流团队。坚持以人为本、科学发展，具有积极进取、奋勇争先，团结协作、和谐共进的团队精神，职工积极性充分发挥，团队凝聚力强、影响力大、职工信赖、公众认可。

五、"工人先锋号"的管理

命名"工人先锋号"，按照自下而上、逐级推荐、群众认可、严格考核的原则，由基层工会根据"工人先锋号"创建的基本条件，在充分听取职工意见的基础上推荐申报，经所在工会考核审查和公示后，报上级工会审批。对不适合命名"工人先锋号"的集体，各级工会可根据其工作性质和特点，授予相应称号。

"工人先锋号"实行动态管理，每年命名表彰一次，由命名的所在工会颁发牌匾和证书。获得"工人先锋号"的集体，要在工作现场醒目位置悬挂"工人先锋号"牌匾，接受公众监督。各级工会应定期或不定期对命名的"工人先锋号"进行考核检查，不符合条件的限期整改，整改达不到要求的取消称号，收回牌匾。

案例

健全竞赛工作体系　形成全员参与格局
为企业高质量发展贡献强大力量

以胜利油田为例，胜利油田扎实开展“当好主力军、奉献在岗位、建功‘十三五’”劳动竞赛，着力构建一个体系、强化三个保障、推进三个转变，团结动员广大干部职工在推进油田高质量发展、打造世界领先洁净能源化工公司、构建“一基两翼三新”产业格局中拼搏奉献、建功立业。

一、构建一个体系，推动劳动竞赛全面覆盖

针对所属单位分布地域广、行业种类多的特点，着力构建分层次、分系统、全员参与的劳动竞赛体系，确保竞赛扎实有效。

(1) 油田层面突出抓好重点工作、重点项目劳动竞赛。紧紧围绕油田中心工作，通过工会牵头立项、部门跟进考核、联合督导问效等措施，聚焦增储稳油降本、改革管理创新、安全绿色发展，开展“高质量勘探”“效益开发”“百日攻坚创效”“绿企创建”等重点工作劳动竞赛26项；针对阶段性重点项目，组织“资源盘活协调保障”“办社会化职能分离移交”等重点专项劳动竞赛37项，有力推动了油田生产经营目标和重点工作、重点项目的圆满完成。

(2) 直属单位层面突出抓好行业特色主题劳动竞赛。发挥直属单位劳动竞赛主体责任，立足能比赛、能量化、能考核、能排名、能落地的原则，开展行业特色主题劳动竞赛，油气开发单位以“效益稳产”为主题，开展“兴油杯”竞赛；油气井下作业开展“作业提速提质提效”

立功竞赛；注汽、地面工程维修等专业化单位开展“保障支撑主业、提升市场创效能力”竞赛；地质、工艺等科研单位开展“油藏动态分析”竞赛等，有效推动竞赛在各直属单位广泛开展。

(3) 基层单位层面突出抓好“单体细胞创效工程”劳动竞赛。为增强竞赛穿透力和覆盖面，划小竞赛单元，从“减少漏失点、消除盲缺点、寻找潜力点、深挖增效点”入手，以单人、单井等单项生产要素和方案设计等单项工作为竞赛载体，开展“单体细胞创效工程”劳动竞赛，引导广大职工向每一台设备、每一个指标、岗位、班站聚焦，在“省”上下功夫，在“创”上做文章，让每一名职工都成为创效动力源，让每一项工作都成为效益增长点。

二、强化三个保障，确保劳动竞赛规范运行

劳动竞赛能否扎实开展，关键是要有支撑保障。胜利油田从组织、制度、激励入手，加大竞赛的支撑保障力度，全力提升竞赛组织水平。

(1) 强化组织保障。自上而下，分级成立劳动竞赛委员会，组建工作专班，设立竞赛领导小组，统筹竞赛在油田广泛开展，推动形成领导重视支持、工会牵头抓总、部门考核推动、参赛主体积极运行的机制。注重发挥竞赛各成员部门职能作用、专业优势，在方案制订、标准修订、考核兑现方面形成合力，通过竞赛例会、讲评会、表彰会等形式，强化组织协调，保障劳动竞赛顺利运行。

(2) 强化制度保障。制定油田《关于进一步规范劳动竞赛组织管理工作的意见》，按照“有主题、有方案、有标准、有考核、有公报、有表彰、有奖励”七有竞赛标准，完善各级工会劳动竞赛管理办法，实现方案制订、组织发动、过程管理、监督检查、调研指导、考核奖励等

闭环式管理机制，推动竞赛向制度化、规范化、科学化迈进。

（3）强化激励保障。修订完善油田《立功管理办法》《技能竞赛管理办法》，建立科学完善的劳动竞赛量化考核体系和奖惩激励机制，对竞赛评比考核、表彰奖励科学规范量化。对竞赛中表现突出的集体和个人，记功表彰并发放相应奖金。“十三五”以来，有近千名个人、两百多个集体受到记功表彰。同时，采取现场送喜报、证书、奖牌等方式，大力提高考核激励的及时性。

三、推进三个转变，实现劳动竞赛提质增效

紧随企业深化改革转型、更新发展理念步伐，油田工会及时调整劳动竞赛目标导向、组织方式、工作重心，推动竞赛与时俱进、常赛常新。

（1）推进竞赛导向向“价值创造”转变。把价值思维、效益观念贯穿劳动竞赛全过程，推动一切目标向价值创造聚焦、一切资源向价值创造流动，把效益指标、创效责任细化落实到竞赛考核体系、管理过程中。组织开展的“价值创造优胜采油管理区、价值创造优胜项目部、价值创造优胜基层单位（作业区）、价值创造优胜班站”竞赛，实行“人均创效”和“约束性指标”评价相统一，以竞赛促进单位资源效能、劳动效率、创效潜能全面提升。

（2）推进竞赛方式向“集智创新”转变。立足新发展阶段，树牢“创新驱动”发展理念，积极开展集智攻关、技术革新、科技创新竞赛，不断提升单位核心竞争力。开展的一线生产难题“揭榜挂帅”竞赛，仅2020年就有868个难题参与竞赛，47个被列为油田级难题揭榜攻关，821个被基层揭榜解决，及时破解了发展中的瓶颈问题。通过建设职工

创新工作室、举办创新论坛、构建创新联盟、建立成果转化基地，形成“让难题变课题、让创意变方案、让项目变成果、让成果变效益”的创新竞赛机制。

（3）推进竞赛重心向“岗位创效”转变。坚持“把竞赛落实到基层、做实在岗位”的工作理念，积极开展灵活多样、丰富多彩的岗位创效劳动竞赛，让广大职工便于参与、乐于参与。围绕建设坚强智能电网，将电网检修竞赛的重心向变电站、输配电线路、施工现场转变，激发工作干劲，提高电网检修效率质量；围绕提高油藏动态监测效率，将竞赛重心向岗位职工个人转变，设置最佳测井工等岗位竞赛项目，激发工作积极性，推动岗岗创效、人人创效、事事创效。

第二章

新时代合理化建议活动创新实践

2023年10月，习近平总书记在同中华全国总工会新一届领导班子成员集体谈话时强调，“要坚持全心全意依靠工人阶级的根本方针，充分调动广大职工群众的积极性、主动性、创造性，积极投身全面推进强国建设、民族复兴的伟大事业”。职工群众向企业献计献策，提出合理化建议是国有企业全心全意依靠工人阶级的具体体现，是挖掘职工的智力潜能，提高企业管理水平的重要措施。新时代国有企业发展进入新阶段，更加需要听取职工群众的意见和建议，畅通沟通渠道，加强沟通交流，建立起良好的互动机制，使职工群众更加深入地参与企业管理，形成共同奋斗、共同发展的良好氛围，从而持续提升企业的核心竞争力。

第一节　什么是合理化建议

一、 合理化建议的概念

合理化建议是指职工群众为搞好企业生产、改进技术、完善经营管理、促进企业发展而提出的建设性意见。把握合理化建议的概念，要注意两点：

第一，弄清合理化建议和一般性意见的区别。一些基层单位往往把这两者相混淆，因而影响了合理化建议质量的提高。从广义来说，建议也是一种意见，但是，它终究与一般性的意见不同。一般性的意见是只提出问题的现象或提出自己的要求，而合理化建议则是在提出问题、意见或要求的同时，必须提出改进的办法和措施，否则就不算建议了。

第二，弄清合理化建议和一般性建议的区别。只有同时具有进步性、可行性和效益性的建议，才是具有合理性质的建议，即合理化建议。依据这样的判断，合理化建议一般来说，应符合三个条件，即一是要有建议理由；二是要有解决的办法和措施；三是要有实施后的经济效益和社会效益预测。因此，在实际工作中，凡是在本职岗位工作中提出的具有改进、革新因素，并能取得经济效益或社会效益的建议，都可视为合理化建议；学习、借鉴国内外已有的先进技术、经验、成果，首次应用于采纳单位的建议，也可视为合理化建议；消化、吸收引进技术，对加速国产化有改进性的方法、措施或革新方案、设计的建议，可视为合理化建议，但应注意，对实施涉外合同已有明确规定的事项，不能视为合理化建议；属于企业通常性的改革措施，以及上级下达的技术改造项目，不能视为合理化建议。

二、合理化建议与技术改进（革新）、发明创造的区别

合理化建议就本质联系而言，它与技术改进(革新)、发明创造具有共性，即它们都是在质的方面提高，是职工智慧和创造力的体现，但三者又有着明显的差别。

合理化建议是指在本单位、本系统以及更大范围内，在生产、技术、经营、管理、科研、后勤服务和思想政治工作等方面，提出的改进办法和完善措施。

技术改进(革新)则是指对机器、设备工具、工艺技术等方面所做的改进或革新。合理化建议往往是技术改进(革新)在实施前的设想，而技术改进(革新)则常常是合理化建议的延伸，是实现合理化建议的必不可少的过程，所以合理化建议和技术改进(革新)是并存的。

发明创造要有新颖性、创造性和实用性特征，它与合理化建议之间的关系同样是很密切的，很多发明创造就是在合理化建议的基础上完成的。发明创造与技术改进(革新)的区别在于是否具有原创性。发明创造是指创造前人没有的东西，具有原创性；而技术改进(革新)则是对原有东西进行的改进或革新，它不具有或者只是部分具有原创性，比如某项先进技术、经验、成果，在国内是首创与应用，但在国外早已存在，则它仍可视为技术改进，却不能作为发明创造。

总之，从理论上讲，合理化建议和技术改进(革新)、发明创造之间的区别是建议者和实践者可以分离，但在实践中，则必须是合理化建议与技术改进(革新)、发明创造相结合，才能使它们得以实施。

三、合理化建议的特征

合理化建议中的“合理”是判断建议价值的根本标准，所谓“合理”是指进步性、可行性和效益性，而这“三性”充分体现了合理化建议的基本特征。

(1) 进步性。它是指建议者所提的方案、措施，相对于本单位(或本系统)原有事务来说，有所改进、有所完善、有所提高。有些办法，虽然能够解决某一方面的问题，但相比原有办法，非但没有进步，反而后退了，这就不能算作合理化建议。

(2) 可行性。它是指方案、措施在实践中可以实施。这里包括两层意思：一是不但要提出建议、设想的名称，而且要提出实现这一建议、设想的具体办法。否则，就不能算是具有可行性。如果为提高生产效率提出对某项设备的改进建议，但如果只建议改进而没有提出在现有条件下进行改进的具体路径、方法，那么这一改进建议就无法实现，也就不具有可行性。二是提出的建议虽然有具体办法，但这些办法是不正确的，或提出的办法虽然正确，但由于条件的限制，根本无法实现，这也属于不可行的建议。如有人提出增加资金投入，以改善企业生产、提高企业管理的建议，这一建议虽好，但企业现时没有那么多资金、一时也难以筹集到更多的资金，使建议根本实现不了，这就属于缺乏可行性。

（3）效益性。它是指建议实施后可以带来经济效益或社会效益。之所以要花费很大力气去实现一项建议，目的就是获得某种效益，否则，这项建议就是毫无意义的。所以，对合理化建议，一定要强调效益性。当然，对效益也可能作狭隘的理解，第一，提高工作效率、节约材料直接创造了经济价值，这是效益；虽然没有直接创造经济价值，但减轻了体力劳动，改善了工作环境，这也是效益。第二，现得利是效益，若干年后方能得利，也应承认是效益，因为有些建议实施后的效益在短时期内不能很快显示出来，需要经过一个较长的过程，但无论何时，只要其效益显示出来，就应根据其效益大小给予承认和奖励。第三，本企业直接得利是效益，其他企业间接得利，或全社会都能得利也是效益。总之，要从较宽的视野来看待和衡量合理化建议的效益，否则有些有价值的建议就可能被忽略掉了。

进步性、可行性、效益性是合理化建议的本质特征，一条建议只有“三性”俱全，才能算是合理化建议。如果只具备其中“一性”或“两性”，就不能算是合理化建议。正确理解和把握合理化建议的上述本质特征，将为工会组织准确辨别各种建议的性质，更好开展合理化建议活动，提供其依据。

四、 合理化建议的内容

合理化建议的内容，一般应包括生产、技术、经营、管理、科研、后勤服务和思想政治工作等多个方面。应该说，凡是为企业带来效益、促进管理的建设性意见均可被视为合理化建议。其具体内容包括：

（1）消除安全隐患、减轻劳动强度的建议。

（2）提质创效、降本增效、挖潜增效的建议。

（3）节能减排、绿色生产、环境保护的建议。

（4）改进现有工作流程和提升管理效率的建议。

（5）改善生产经营管理的建议。

（6）增强职工队伍建设的建议。

（7）优化改进现有技术、工具、设备设施的建议。

（8）其他推进企业高质量发展的建议。

下列建议不在征集受理范围之内：公认的事实或正在改善的；已被采用过或以前已有的重复性建议；无具体实施方案的建议。

第二节　什么是合理化建议活动

一、 合理化建议活动的概念

合理化建议同合理化建议活动本不是一个概念，但在以往的有关著作和文献资料中，在人们的日常生产工作实践中，都习惯把二者等同使用，即把合理化建议看作合理化建议活动，也把合理化建议活动看作合理化建议，其实二者是有区别的。

第一，合理化建议通常是指合理化建议的“建议”本身，并非活动；而合理化建议活动则是指合理化建议活动的“活动”，并非建议（当然也包括建议）。所以，合理化建议与合理化建议活动虽然紧密相关、不可分割，但二者是有明显区别的，不应混淆。

第二，合理化建议既可以由职工个人提出，也可以由某个部门、某个组织单独提出，即它是职工个人或部门的独立行为；但合理化建议活动则是有组织的行为，是群体性行为。

第三，合理化建议强调的是进步性、可行性和效益性；而合理化建议活动则强调的是广泛性、群众性，即动员、组织和发动广大职工群众积极广泛地参与。

第四，合理化建议是合理化建议活动的产物，而合理化建议活动则是催生合理化建议的必要条件和保障。

总之，基于以上对合理化建议和合理化建议活动区别的分析，可以将合理化建议界定为是指职工群众为搞好生产，改进技术，完善经营管理，促进企业科学发展、高质量发展而提出的建设性意见；而合理化建议活动则是广大职工群众参与企业管理的一种重要形式，是一项围绕企业生产经营工作而开展的有组织的、群众性的献计献策活动。正确区分合理化建议和合理化建议活动的概念与性质，既有利于提高合理化建议的质量，更有利于深入、广泛、持久地开展好合理化建议活动。

二、 合理化建议活动的特点

合理化建议活动具有创新性、群众性、持久性三个基本特点。

(1) 创新性。它是指合理化建议活动是一项职工群众参与企业生产技术和经营管理的创新性活动。它的宗旨和目的是促进企业生产技术和经营管理的创新，以此提高企业的核心竞争力，提高企业经济效益，推动企业的进步与发展。因此，合理化建议活动在本质上就具有创新性。同时，合理化建议活动的主体是职工群众，它依靠和开掘的就是蕴藏在广大职工群众中的无穷无尽的智慧和创造力。职工群众在企业生产经营活动中主动自觉地搞革新、提建议，正是他们的主人翁责任感和创造精神的生动体现。许多企业的生动实践表明，职工群众中有很多“智多星”“诸葛亮”，他们既有理论，又身怀绝技，一些看来难以解决的生产上、技术上和管理上的问题，往往可以从职工群众的建议中得到解决。因此，组织职工开展合理化建议活动，既是对职工群众主人翁积极性和创造性的激发，也是为了更好地依靠职工的主人翁精神、智慧和创造力，有目的地组织职工进行创新活动，为实现企业的发展目标贡献力量。所以，合理化建议活动能够始终充满生机活力，其根本原因就在于它是一种创新性活动。

（2）群众性。它是指合理化建议活动是一项职工群众广泛参与生产技术和经营管理的群众性活动。合理化建议活动的群众性表现在它在内容上涉及生产技术和经营管理的各个方面，在参加人员上包括了企业工程技术人员、管理人员和广大职工群众，在方法上适合群众性活动的特点。合理化建议的内容很广，包括搞好企业生产的建设性意见，促进企业技术进步的建设性意见，完善企业经营管理、促进企业发展的建设性意见。可以说一切有利于企业进步的建议和意见都可以认为是合理化建议。因而它涉及企业的生产、管理、技术等各个方面。开展合理化建议活动，不仅能够吸收工程技术人员参加活动，而且也能吸引管理人员和广大职工群众参加活动。实践表明，只要组织得法，适合群众性活动的特点，就能在企业中形成人人提建议的活动热潮。

（3）持久性。它是指合理化建议活动是一项职工群众围绕促进企业生产、技术、经营、管理、科研、后勤服务和思想政治工作发展要求的、与时俱进、持久发挥作用的群众性活动。持久发展是企业的永恒课题。合理化建议活动作为一项服务企业发展的群众性活动，是与企业持久发展相伴的；是不断在企业生产、技术、管理已经达到的水平上，进一步推动其向更高的水平上发展的。实践证明，只要始终抓住企业各个时期生产、技术、经营、管理、科研、后勤服务和思想政治工作发展要求的，不断改进合理化建议活动的组织方法，就能持久地发挥群众性合理化建议活动的作用，同时也使合理化建议活动自身与时俱进，常做常新，始终充满着生机与活力。

三、 合理化建议活动的作用

合理化建议活动是我国工人阶级的伟大创造，是工人阶级当家做主的主人翁精神的具体体现。它的根本作用就在于组织和发挥职工群众的主人翁积极性、智慧和力量，推动企业进步，促进社会主义现代化建设的发展。因此，组织职工群众开展好合理化建议活动，充分发挥广大职工群众的聪明才智，具有特殊重要的作用和意义。

（1）合理化建议活动有利于企业挖潜改造，促进企业的技术革新。工作中，采纳各种合理化建议，发挥现有资金、设备、人员的优势，把各项消耗指标降下来，提高自主创新能力，推动企业进步，增强企业活力，提高经济效益和企业核心竞争力。

（2）合理化建议活动有利于职工群众参与企业管理，促进企业管理更加科学化、民主化。合理化建议活动是职工参与企业民主管理的重要形式。在合理化建议活动中，广开言路，集思广益，使职工群众当家做主的积极性得到充分发挥，他们对企业生产、工艺、安全、管理等提出意见和建议，体现了职工的主人翁地位和精神，表现了对企业生存发展的高度关心。许多事实都充分证明，当职工的意见、建议被采纳实施之后，就能普遍提高职工的热情和干劲，激发更多的职工为企业发展献计出力，同时也大大促进了企业民主管理的不断发展。

（3）合理化建议活动有利于提高职工的思想政治素质，促进企业的和谐建设。合理化建议活动本身就是一种促进职工群众以主人翁姿态发挥智慧和创造力的有效形式，开展合理化建议活动，必将不断增强职工群众关心企业的责任感和参与企业管理的民主意识，增强职工群众为企业多做奉献的事业心和责任感，坚定理想信念，从而提高职工的思想政治素质，打造一支有理想守信念、懂技术会创新、敢担当讲奉献的职工队伍，推动企业和谐发展。

（4）合理化建议活动有利于提高职工素质，拓展广大职工成长成才空间。合理化建议活动的开展，有助于职工学习新知识、掌握新技能、增长新本领。通过掌握更多的新知识、新技能，使职工的文化素质、技能素质、管理素质得到全面提升，并激励和产生出更多的企业发展所需的能工巧匠。

第三节　如何开展合理化建议活动

合理化建议活动是发动职工群众发挥聪明才智，通过献计献策来改进和提高企业生产技术水平、管理水平以及创造较高经济效益的群众性活动。如何开展合理化建议活动？这需要对活动进行筹划。合理化建议活动的筹划是一项复杂的系统工程，要从整体上进行考虑，取得各级党政工领导的支持，建立合理化建议活动组织领导机构，制订合理化建议活动实施方案，做好对合理化建议活动的宣传发动，组织好合理化建议的征集，组织好合理化建议的实施；做好合理化建议的表彰奖励，做好合理化建议活动的评估，使合理化建议活动形成一个闭环管理。

一、 取得各级党政工领导的支持

企业领导的重视与支持是开展好合理化建议活动的最重要条件。长期以来，我国企业深入持久地开展合理化建议活动取得了显著成绩，但也存在一些问题，如职工认真提出的合理化建议，真正能引起企业领导重视并落实到位的还不够，有些甚至变成了“死”建议。由于得不到尊重和重视，职工提建议的积极性受到影响，与企业共命运的信念趋于淡漠。

产生上述问题的原因：一是有些企业领导群众意识、群众观点不强，受体制影响，唯上不唯下，对职工的合理化建议缺乏重视。二是有些企业领导民主意识差，只愿听赞扬话，不愿听批评话，这使得企业职工在提合理化建议时不得不有所顾忌，因而使合理化建议活动有时成了走过场，真正有价值的建议并不多。三是有些企业难以运行对合理化建议的奖励机制，因而挫伤了职工提合理化建议的积极性。

针对上述问题，进一步搞好合理化建议活动，首先要取得党政工各级领导的支持，努力做到党政工齐抓共管。特别是要取得党政主要领导的支持，最好请主要领导来挂帅，因为没有他们的支持，合理化建议活动就难以进行。其次，企业还要认真执行兑现奖励制度，这样才能取得职工群众的信任和拥护，使企业职工提合理化建议形成风气。总之是要通过上述一系列努力，争取企业领导对开展合理化建议活动的重视与支持，由此保证和推动合理化建议活动的顺利开展。当然，在整个合理化建议活动中，工会还是要发挥主要作用。

二、 建立合理化建议活动组织领导机构

建立合理化建议活动组织领导机构是卓有成效地开展合理化建议活动的基本保障。合理化建议活动涉及面广、政策性强、智力含量高、环节比较复杂，仅靠工会一方的力量是不够的，必须在企业行政的支持下并会同其建立起坚强的组织领导和得力的工作机构，各方配合，分工负责，形成组织保障体系。

工会是合理化建议活动的实际组织者和管理者，应积极推动合理化建议活动组织领导机构和工作机制的建立健全，并参加到合理化建议活动领导机构中，在制定活动规则，明确活动方向，落实组织措施，督促履责等重大问题上，代表广大职工的意愿，参与决策，充分发挥工会组织的作用，同时要注意搞好与领导机构中其他方面人员的配合。工会还要加强合理化建议活动中的民主管理，对合理化建议活动的实施情况进行监督，保证评审工作公正有效。同时，工会还要成立专门工作的委员会或配专(兼)职工会干部，负责日常的组织发动等各项群众工作。在机制建设上，应会同企业行政着力健全管理制度，形成高效的运作机制，其中重要的就是要从本企业实际出发，制定出行之有效、便于操作的“实施办法”或“管理规范”，使开展合理化建议活动有

据可依、有章可循。形成上下左右协调的纵横相融的管理网络，保证合理化建议活动的正常开展，提高其成效。所以说，企业是否具有一个强有力的合理化建议活动组织领导机构，是决定该项活动成败的关键。

从国家层面来讲，全国范围内合理化建议和技术革新活动的组织和领导工作由全国总工会负责。从企业层面来讲，基层企业合理化建议的组织领导机构，一般可设立合理化建议领导小组，由企业行政、工会和有关部门负责人组成，通常由企业行政主要领导担任组长，工会主席担任副组长，领导小组下设办公室，办公室设在工会。根据需要，企业的分厂、车间、班组也可设立合理化建议领导小组，自上而下形成一个完整的合理化建议活动组织领导体系。

合理化建议活动领导小组的职责：

（1）制定本单位合理化建议活动的目标规划，提出各个时期的重点方向，编制年度、季度、月度合理化建议计划，并发动职工开展合理化建议活动。

（2）做好合理化建议的日常征集、鉴定、实施等工作，负责对基层职工报送的合理化建议进行整理、分类、筛选、初审，并转送各有关部门审核，确定采纳还是不采纳，及时把审核结果反馈给建议人。

（3）协调各部门、职能科室做好合理化建议活动的组织发动工作，负责审理本部门职工提出的或由其他部门转来的合理化建议，积极支持其他部门的合理化建议，帮助解决本部门职责范围内应解决的问题，帮助合理化建议者，使其建议不断完善或进一步试验，及时将经过试验鉴定后的合理化建议成果逐步推广。

（4）负责组织合理化建议成果的评审、表彰、奖励等工作。可根据评审需要，按专业设不同的评审小组，如生产技术评审组、经营管理评审组、政治工作评审组等，以便于评审工作的开展。

三、 制订合理化建议活动实施方案

方案是计划的一种，一般是单项工作的、专业性比较强的、比较周密具体的计划。合理化建议活动实施方案就是有关开展合理化建议活动的比较周密具体的计划。它是合理化建议活动开展前，由工会组织预先制定的。制定一个切实可行的实施方案，对搞好合理化建议活动至关重要。

一般情况下，合理化建议活动实施方案的内容包含以下七个方面：即有活动主题、有指导思想和原则、有活动目标、有活动组织领导机构、有活动起止时间、有活动内容安排、有活动评比表彰奖励。制订方案的基本要求是：开展合理化建议活动的主题、指导思想和原则要简短、鲜明、响亮、有特色，易记会用；活动组织领导机构及其职责明确清楚；活动起止时间和参加范围具体；活动内容要符合实际，围绕主题，措施有力，易于考核，吸引群众；活动的具体安排要周到细致；活动的评比表彰奖励方法、规定要明确、严格；就有关事项提出要求；活动的奖励资金出处要列清楚，以便奖励兑现到位。

要想制订一个高质量的合理化建议活动实施方案，重要的一点是要选好合理化建议活动的主题。这个主题是指合理化建议活动围绕什么问题展开、解决什么问题。恰当科学筛选好活动主题，事关合理化建议活动的主攻方向，因而是开展好合理化建议活动的首要工作，也是关键的一步，所选的活动主题恰当，合理化建议活动就易于取得成效，达到预期的目的。如果选题不恰当，建议活动就会效果不好，就会事倍功半。

一是要搞好调查研究。确定合理化建议活动主题的前提是做好调查研究。好的活动主题不是凭空产生的，不是拍脑袋的产物，它是深入进行调查研究的结果。如果不把握企业生产经营和技术的特点，不清楚企业工作的重点、难点和热点，不知道职工群众的心理需求和接受能力，就谈不上恰当确定活动主题。所以，在确定活动主题时，一定要做足调查研究，以深入的调查研究确保合理化建议活动开展到企业的需求上。例如某企业在开展合理化建议活动前，做了大量的调查论证工作，先后召开了研讨会、汇报会、座谈会，共同探讨合理化建议活动的主题，找出主攻方向。通过调查研究，企业干部职工感到现阶段企业发展面临的最关键问题就是加强管理、降本增效。所以，他们就把加强管理、降本增效作为开展合理化建议活动的主题和目标，收到比较理想的效果。

二是要找准结合点。开展合理化建议活动要与主要相关工作紧密结合起来，做好有机结合这篇文章，这样才能收到最佳效果。具体地讲，就是要做到四个结合：第一，要与生产组织紧密结合，克服“两张皮”，实现一体化。第二，要与技术管理相结合，充分发挥合理化建议在技术管理、技术改进、技术创新中的攻关作用。第三，要与科学管理相结合，充分调动企业职工的积极性、主动性、创造性。第四，要与民主管理相结合，体现职工的主人翁地位和民主权利。开展合理化建议活动，使广大职工了解企业的生产经营状况，吸引职工参与企业的民主管理，积极提合理化建议，促进企业管理。

三是要抓住关键问题。要根据各单位生产经营形势、任务特点和制约生产经营的关键问题来确定合理化建议活动的主题。一般来讲，不同企业行业的合理化建议活动都有不同的选题特点，不同时期的合理化建议活动也有不同的选题特点。选择合理化建议活动的主题，要符合企业自己所面对的实际问题。比如采油厂、电力公司、油气井下作业、车辆管理中心、运输公司都有自己的特殊性，因此在选择合理化建议活动的主题时，就要考虑这些不同的特殊性来选择活动的主题。

以上是开展合理化建议活动实施方案的基本内容和选择活动主题要求，但具体如何制定，则要根据企业实际情况加以确定。

案例

某企业工会“我为企业发展献一计”合理化建议月活动方案

为贯彻落实全总关于在全国职工中广泛开展“当好主力军，建功‘十四五’”主题劳动和技能竞赛活动要求，以实际行动庆祝“五一”国际劳动节，动员广大职工在推进采油厂高质量发展中，充分发挥工人阶级主人翁作用，进一步推进我厂合理化建议活动深入开展，为企业发展献计献策，经采油厂工会研究决定，在5月开展“我为企业发展献一计”合理化建议月活动。

一、指导思想和原则

坚持以习近平新时代中国特色社会主义思想为指导，全面贯彻党的二十大和二十届二中全会精神，认真落实中国工会十八大和省第十六次工代会部署要求，充分发挥工人阶级主人翁精神和主力军作用，从我做起，无私奉献，立足本岗位、本工种、本专业和本单位实际，在生产技术、经营管理、安全生产以及思想政治工作等方面，积极提合理化建议，努力降本节支，为企业高质量发展贡献智慧和力量。

二、活动时间

5月1日至5月31日。

三、活动目标

全厂职工人均提一条合理化建议，以各基层工会为单位，职工参与率80%以上，职工提合理化建议率达到90%以上。

四、成立采油厂合理化建议活动领导小组

组　长：×××

副组长：×××、×××

成　员：机关有关科室职能部门负责人

负责活动的组织运行、指导推动、考核评比、总结表彰等工作。活动领导小组下设办公室，办公室设在厂工会，厂工会副主席×××任办公室主任，×××任联络员，电话：×××××××，邮箱：×××××××××××。

五、活动内容

凡是对采油厂的生产、经营、管理、安全、质量、工艺、技术、队伍建设等各方面提出的改进意见、建议、方案、设想、措施、办法等都属于合理化建议受理范围。

六、评比表彰奖励

对征集的合理化建议组织开展评比“优秀合理化建议”，并给予一定的物质奖励和荣誉表彰。组织开展合理化建议活动组织优胜单位评比，授予优秀组织奖，并作为年终评比先进基层工会组织的依据之一。

七、活动要求

(1) 各基层工会要按照活动方案要求，主动向单位党政汇报，在基层党组织领导下，组织好发动好合理化建议的征集采纳办理工作。

(2) 各基层工会要加大宣传力度，发动广大职工积极投入合理化建议征集活动中来，及时宣传表扬活动中的先进典型，调动职工参加的积极性，推动采油厂二季度任务的圆满完成。

(3) 各基层工会要抓实活动开展，对职工提出的合理化建议要逐条研究，组织实施，以保护职工积极性，确保活动收到实际效果。

四、 做好对合理化建议活动的宣传发动

合理化建议活动作为一项群体活动，必然受到内外部环境的影响和制约。能否形成有利于开展合理化建议活动的氛围，对于活动能否成功有着重要的影响。

宣传发动工作的重点应放在及时向广大职工宣传合理化建议的重要性、必要性上，使广大职工树立起主人翁意识、大局意识和效益意识，鼓励广大职工积极参加；要使广大职工了解企业发展的近期目标和远景规划，生产经营中的难点、重点，有的放矢地征集群众的建议；要向职工讲清合理化建议活动的性质、范围、要求、组织领导和主管办事机构、程序、操作方法及评审奖励规定，必要时可组织对职工先行培训，这样才能让职工群众既明白为什么做，又知道应当怎样做，才能增强对职工群众的吸引力，使之不仅能够参加，而且做得更好。

原则上讲，合理化建议活动应该全员都要参加。过去的合理化建议活动普遍存在着如下问题：在生产一线组织合理化建议活动多，在

机关管理部门组织合理化建议活动少；在职工群众中开展合理化建议活动多，在机关管理干部中开展合理化建议活动少。因此，要抓好宣传发动，营造舆论氛围，加大表彰奖励力度，真正提高企业广大干部职工对开展合理化建议活动的认识，切实把广大干部职工发动起来，形成全员参与的良好局面，团结、组织广大职工群众，同心同德，开掘智力，为企业的发展献计献策。

五、 组织好合理化建议的征集

合理化建议的征集是开展合理化建议活动的重要程序，也是搞好合理化建议活动的前提和基础。合理化建议的征集工作，是指通过广泛动员和号召，发动广大职工群众积极地提合理化建议，并把征集到的建议集中汇总起来。从深层次看，合理化建议征集工作的根本目的和任务是要把企业所有的职工都发动起来，为企业发展献计献策、出谋划策。

（一）合理化建议征集的特点

合理化建议征集工作具有广泛性、经常性、方便性、激励性和针对性的特点。

（1）广泛性。不论是单位，还是生产一线的工人、各科室的工程技术人员、经营管理人员乃至各个层次的领导干部，都要全员参与、全程参与，不留死角。

（2）经常性。合理化建议征集工作既有一时的集中征集，也有平时的常年征集，总之是要使征集工作始终处于常态中。

（3）方便性。不论是时间上、地点上还是形式上都要方便职工提合理化建议。

(4) 激励性。就是要通过各种宣传动员工作和鼓励措施，使职工尽可能地把想到的建议提出来，不吞吞吐吐、不压在心底。

(5) 针对性。要使职工明白围绕什么提建议、提什么样的建议、怎样提建议，做到参加活动心中有数。

总之，按照上述五个特点来做，合理化建议征集工作就会收到成效。

(二) 合理化建议征集的方法

合理化建议的征集方法，一般可分为确定题目征集和自定题目征集两种。确定题目征集就是要求职工就企业生产或经营的某一方面提出意见和建议；自定题目征集则没有这种限制，征集的范围比较宽泛。综合工作实践经验，合理化建议的征集方式大致有以下三种。

1. 竞赛征集法

竞赛征集法就是把合理化建议活动纳入正常的劳动竞赛中来，紧密结合企业的重点、难点工作发动职工提合理化建议，并把合理化建议纳入竞赛的评比奖励中来。

用竞赛方法征集合理化建议的途径有两条：一是把合理化建议作为劳动竞赛的主要指标和重要内容进行考核评比，这样就使合理化建议活动成为劳动竞赛活动的重要组成部分。二是开展合理化建议专题竞赛活动，即以竞赛的形式和方法，开展合理化建议活动。竞赛征集法的优势在于，它通过发挥竞赛的激励作用，最大限度地调动职工提合理化建议的积极性，同时又借助劳动竞赛的经常性，实现合理化建议征集活动的经常性。因此，这种方法在许多企业中都普遍采用。

2. 定时征集法

定时征集法就是企业把每年的某一段，通常是月、周或日，确定为合理化建议的征集时间，发动职工提合理化建议。有时是不固定每年开展合理化建议征集工作的时间，而是根据当年形势发展的变化，临时确定一段时间为合理化建议征集时间，开展合理化建议活动。这种做法的特点和好处是，时间相对固定，可以集中时间、集中人力、大造声势，迅速在职工中掀起一个提合理化建议的高潮。因此，有时一个合理化建议月、合理化建议周或合理化建议日的收获，往往超过平时几倍时间的收获。正如有些企业深有体会的那样，集中一段时间掀起合理化建议高潮是非常必要的。它像一个放大了的“群英会”，能够在职工中掀起头脑风暴，形成激烈的智慧碰撞，使合理化建议活动获得最佳效果。虽然定时征集法震撼性强、效果显著，但它终究只能在一定时间内起作用。为了使合理化建议活动常流水、不断线，成为经常性的活动，还需要结合工作实际，采用一些其他的合理化建议活动征集方法。

3. 会议征集法

会议征集法就是通过召开各种会议征集合理化建议，为职工提供提合理化建议的机会与场所。其采取的主要征集形式有：

（1）形势讨论会征集。许多企业都发动职工开展类似“潜力在哪里，办法在哪里”的大讨论，广泛征集各种克服困难的合理化建议。在讨论中，通过向职工讲厂情，交困难的底、交任务的底，使职工认清形势，增强责任感，在提高认识的基础上提出克服困难的合理化建议。

这种讨论会把形势任务教育和征集合理化建议紧密结合在一起，因此能够更好地激发广大职工提合理化建议的积极性。许多单位把这种讨论会，既作为职工提合理化建议的场所和机会，又作为进一步广泛深入开展合理化建议活动的动员会。

（2）民主恳谈会征集，也称集思征集法。这种方法是针对企业中的重大问题，邀请部分具备应有素质的职工，在充分准备的基础上，通过会议的方式各抒已见，经比较、充实、完善，最后形成具体方案。这种方法的好处是能够取长补短，相互启发，充分论证，使合理化建议更加完善，质量更高。

（3）专题座谈会征集。就某一问题，让职工有充分准备，然后组织座谈，征求大家的意见。这种方法对征集经营管理类建议比较常用。此外，还可借召开会议之机，如春节劳模座谈会、“三八”节女职工代表座谈会，以及迎“五一”、庆“十一”等节日先进人物茶话会等，征集合理化建议，使这些会议成为模范先进的献计献策会，更充分地发挥他们的聪明才智。

总之，要多方面、多层次、多渠道、多方法发动工作，切实充分地把各个方面和广大职工群众真正地发动起来，共同投入合理化建议活动中去，在促进合理化建议活动蓬勃开展的同时，为企业的创新和发展做出贡献。

（三）合理化建议征集的步骤

合理化建议的征集是开展合理化建议活动的第一道程序。一般情况下，征集的实施步骤是填写合理化建议征集表或合理化建议书，申报到本单位工会部门，再由工会将建议分配到各个负责合理化建议工作的部门或人员论证审核是否采纳。

合理化建议征集表是征集建议的主要手段和载体，是对合理化建议论证、采纳的基本依据，因此，在征集合理化建议时，申报人要写清楚建议的内容，一是建议提出的背景，说明现状、存在问题；二是解决的办法、措施或改进意见建议，必要时应附有图纸、数据和资料等。合理化建议征集表交到工会后，应进行登记。登记内容要简单明了，不应给基层职工增加负担。登记内容包括：建议人单位、建议人姓名、性别、年龄、职务、联系电话、建议内容。登记的目的主要是统计掌握本单位提合理化建议的情况，同时也是跟踪每一个合理化建议的进程和处理结果(见表1)。

表1　2024年度企业级群众性“合理化建议金点子”征集表

填报时间：　　年　月　日

序号	申报单位(直属单位)	建议类型	建议名称	建议内容	建议人(限报1人)	所在三级单位及职务	手机号	备注
1				一、提出背景(目前现状及存在问题) 二、合理化建议的具体措施				
2								
3								

六、 组织好合理化建议的实施

合理化建议的实施，主要包括合理化建议的论证审核和采纳实施两个工作环节。

（1）论证审核建议。由各级工会对征集上来的合理化建议进行汇总整理，及时组织有关专业人员对建议逐条进行可行性分析和建议价值的论证审核，分清是否属于建议，如果是建议，属于哪方面的建议，归哪个部门或哪一级部门处理，在分辨清楚的基础上，做出是否采纳的决定，并将采纳和不采纳的建议及时反馈给建议人，尤其是对不被采纳的建议，更要向建议人解释说明清楚不被采纳的缘由。

（2）采纳实施建议。提合理化建议的目的是采纳实施。凡班组、车间、厂矿决定采纳的合理化建议，都应由所在班组、车间、矿区按照工作职责和权限，分级采纳实施。

一是对基层班组工会小组征集到的合理化建议，由工会小组组织论证审核，属于基层班组采纳的，由基层班组组织实施，属于上级采纳的，由工会小组及时上报所在基层单位工会实施。

二是对管理区、车间、基层单位工会征集到的合理化建议，由管理区、车间、基层单位工会组织相关业务部门组织论证审核，属于基层单位采纳的，由基层单位组织实施，属于上级部门采纳的，及时上报厂级工会实施。

三是对厂级工会征集到的合理化建议，由厂级工会组织相关业务部门进行论证审核，属于本级采纳的，由所在单位组织实施；属于上级采纳的，由厂级工会填写《群众性合理化建议金点子申报表》，及时上报上级工会实施。

四是对因不具备实施条件，暂不能实施的建议，从上到下由各级归口管理业务部门向建议人和所在单位归口管理业务部门解释说明，并及时向所在各级工会反馈情况并做好记录。

五是群众性合理化建议涉及技术创新内容的，由各级工会纳入本单位群众性技术创新项目立项攻关。

案例

关于做好年度群众性合理化建议“金点子”办理工作的通知

机关各有关部门：

为认真做好2024年群众性合理化建议工作，3月22日，群团工作部牵头组织13个机关业务部门的负责人和高级专家、专家组织，召开了2024年度企业级群众性合理化建议“金点子”立项审核会，经专家评委审核，有22项合理化建议被采纳为企业级群众性合理化建议“金点子”，并交给相关部门承接办理。现将立项的2024年度企业级群众性合理化建议“金点子”办理工作安排如下：

1. 机关各有关部门确定一名分管领导，为本部门承担合理化建议负责人，负责牵头推动合理建议的落实解决办理；同时，确定一名本部门联络员，负责联系合理化建议首提人及所属单位、群团工作部，并及时向建议首提人及所属单位、群团工作部反馈建议办理进展情况。

2. 机关各有关部门结合工作实际情况，制订出所承办合理化建议“金点子”的办理计划方案。

3. 群团工作部年终将对各机关部门承办完成的群众性合理化建议“金点子”取得的成果进行验收评审、表彰奖励，评比2024年度企业级群众性合理化建议成果一、二、三等奖，并分别给予合理化建议“金点子”承办人5000元、3000元、2000元奖励，并颁发证书。

4. 请机关各有关部门于3月31日前将《2024年度企业级群众性合理化建议“金点子”承办部门办理人员信息及办理计划方案》(附件1)反馈至群团工作部×××。自4月起，每月30日前将《2024年度企业级群众性合理化建议“金点子”承办部门月度办理进展情况反馈表》(附件2)反馈至群团工作部×××，联系电话：×××××××，邮箱：×××××××××。

附件：

1. 2024年度企业级群众性合理化建议“金点子”承办部门办理人员信息及办理计划方案

2. 2024年度企业级群众性合理化建议“金点子”承办部门月度办理进展情况反馈表

附件1　2024年度企业级群众性合理化建议"金点子"承办部门办理人员信息及办理计划方案

序号	建议单位	建议名称	建议首提人及职务	建议首提人联系方式	建议内容	建议类型	承办部门	部门承办领导			部门承办联络员			部门办理计划方案
								姓名	职务	手机号	姓名	职务	手机号	
1														
2														
3														
4														
5														
6														
7														
8														
9														
10														
11														
12														
13														
14														
15														
16														
17														
18														
19														
20														
21														

附件 2　2024 年度企业级群众性合理化建议“金点子”承办部门月度办理进展情况反馈表

序号	建议单位	建议名称	建议首提人及职务	建议首提人联系方式	建议内容	建议类型	承办部门	月度办理进展情况							
								4 月	5 月	6 月	7 月	8 月	9 月	10 月	11 月
1															
2															
3															
4															
5															
6															
7															
8															
9															
10															
11															
12															
13															
14															
15															
16															
17															
18															
19															
20															
21															

七、 做好合理化建议的表彰奖励

做好合理化建议的表彰奖励兑现，是合理化建议活动过程管理的重要一环，对于调动和保护广大职工群众的创造性，提高合理化建议和合理化建议活动的效益性，起着至关重要的作用。

（一）合理化建议的评审

要想做好合理化建议的表彰奖励工作，首要是做好合理化建议的评审。评审是合理化建议表彰奖励的重要前置环节。对合理化建议的评审，应按照建议的合理性、进步性、可行性、效益性等几个维度来评审；对合理化建议活动先进集体的评比，应按照各单位合理化建议提出率、采纳率、实施率三项指标，结合各单位合理化建议总经济效益进行综合评比。

对合理化建议的评审应包含三个方面内容，一是对未实施的合理化建议“金点子”的评审，即建议奖，一般可评为优秀合理化建议“金点子”；二是对合理化建议“金点子”实施后形成的合理化建议成果的评审，即成果奖，一般可评为优秀合理化建议成果；三是对合理化建议活动结束后集体的评审，即先进集体奖，一般可评比合理化建议活动先进集体或优胜单位。

在组织合理化建议评审时，应做到认真、及时、合理、公正。

（1）认真评审，是指合理化建议评审是一项认真严肃的工作，对职工申报的建议不能草率处理、不能求全责备、不能轻易否定。实际上，职工提的每一条合理化建议，都体现着职工的国家主人翁责任感和对企业的认同感，都是职工心血和智慧的结晶。因此，对职工提出的每一条建议都要热心对待，认真处理。在职工所提合理化建议中，除部分比较规范完善外，还有相当一部分是不那么完善，或只有部分合理性的建议以及一些小建议。对这些建议绝不可忽视，不完善的要帮助其完善起来，小建议要使其发展成大建议。实际上，小建议恰好反映了合理化建议的群众性特征。职工群众受自身文化科技素质及生产工作条件所限，不可能使所提建议都那么完善、那么全面，但他们正是通过提小建议来反映企业各个方面的问题的。小建议可以集腋成裘，可以从平凡人的身上挖掘不平凡的才智，可以广泛调动广大职工的积极性。因此，要热情地鼓励，使广大职工感到自己是对企业有贡献的人，感到企业重视他们，从而更加热爱本职工作。小建议多了，就会促成大建议，群众性合理化建议活动就是这样形成和蓬勃发展的。

（2）及时评审，是指评审工作必须迅速及时，一般对征集上来的合理化建议采取分级、分口评审的方式进行评审。分级就是分为班组、车间（矿区）和工厂（公司）三级来评审，凡属于班组范围的建议，由班组评审；凡属车间（矿区）范围的建议，由车间（矿区）评审；凡涉及全厂（公司）的建议，由工厂（公司）评审。分口就是在厂（公司）一级不止设一个评审小组，而是按生产技术、经营管理、生产福利、安全环保、思想政治工作等类别分设评审小组，分头评审，有时还可以按情况设临时评审小组评审。

（3）合理评审，就是要按照合理化建议的进步性、可行性和效益性的标准来衡量。

（4）公正评审，是指评审工作要从国家和企业利益出发，从尊重职工和调动职工积极性出发，按规定评比，不讲私情。

（二）合理化建议的表彰奖励

合理化建议的表彰奖励既包括对合理化建议的表彰奖励，也包括对合理化建议采纳实施后取得的合理化建议成果的奖励，还包括对合理化建议活动的表彰奖励。表彰奖励是对职工劳动成果和业务部门办理合理化建议工作的肯定，也是对职工再创造的鼓励，还是对业务部门采纳实施建议的激励。只有做好对合理化建议的表彰奖励，才能进一步调动起广大职工提合理化建议的积极性，才能保证合理化建议活动的持续开展。它对调动和保护职工群众的创造性，提高合理化建议和合理化建议活动的效益性，起着至关重要的作用。

合理化建议、合理化建议成果和合理化建议活动的表彰奖励，应按照精神激励和物质鼓励相结合的原则进行。奖励标准，由各企业结合实际情况自行确定。例如，有的企业对评选出的优秀合理化建议“金点子”一、二、三等奖，分别给予 1000 元、800 元、500 元奖励；对评选出的优秀合理化建议成果一、二、三等奖，分别给予 5000 元、3000 元、2000 元奖励；对评选出的合理化建议活动先进集体，给予 10000 元奖励。

八、 做好合理化建议活动的总结评估

合理化建议活动的总结评估包括各层级建议活动开展情况评估、征集建议数量情况评估、建议采纳办理情况评估等。

案例

2021年群众性合理化建议活动评价报告

一年来，企业工会组织紧紧围绕企业生产经营目标，落实上级党组织和职代会精神，在广大职工中广泛开展了群众性合理化建议活动，积极调动干部职工参与生产经营管理的积极性、创造性和聪明才智，激发职工主人翁意识，营造人人为高质量发展建言献策的良好氛围。

活动中，各级工会组织紧紧围绕改进生产工艺技术、节约生产成本、促进安全管理、生产管理、经营管理、质量管理、企业管理、队伍管理等8个方面内容，积极开展合理化建议活动，组织发动广大职工积极参与到提合理化建议中来。采取自下而上、逐级提报的方式，做好合理化建议的收集、整理、分类、登记、论证、采纳和实施等工作，层层推动合理化建议工作走深做实。

——班组层面，发挥工会小组长作用，发动职工人人提建议，并组织征集审核论证，属于班组采纳的建议，由班组组织实施，属于上级基层单位采纳的建议，报上一级工会。

——基层单位层面，发挥基层单位工会的牵头作用，组织相关业务部门对基层班组报送的合理化建议进行审核论证，属于基层单位采纳的建议，由基层单位组织实施，属于直属单位采纳的建议，报直属单位工会。

——直属单位层面，发挥直属单位工会牵头抓总、协调服务的作用，组织相关业务部门对基层工会报送的合理化建议进行审核论证，属于直属单位采纳的建议，由直属单位相关业务部门组织实施，属于企业采纳的建议，报企业工会。

——企业层面，发挥企业工会引领统筹作用，组织企业机关相关业务部门对直属单位报送的企业级合理化建议进行审核论证，属于企业采纳的建议，由企业相关业务部门组织实施。

一年来，企业各级工会把该项活动贯穿日常生产经营管理工作始终，常态化推进，持之以恒地抓，共收到职工合理化建议3201件。

一是提给基层班组层面的建议976条，其中属于基层班组采纳的建议331条，报上级采纳的建议547条，经论证不属于合理化建议、现有条件不成熟、与政策不符及其他原因不被采纳的建议98条。

二是提给三级单位层面的建议918条，其中属于三级单位采纳的建议454条，报上级采纳的建议357条，经论证不属于合理化建议、现有条件不成熟、与政策不符及其他原因不被采纳的建议107条。

三是提给直属单位层面的建议451条，其中属于直属单位采纳的建议344条，报企业采纳的建议17条，经论证不属于合理化建议、现有条件不成熟、与政策不符及其他原因不被采纳的建议90条。

四是提给企业层面的建议121条，其中属于企业采纳的建议22条，经论证属于直属单位采纳的建议99条。

10月22日，企业工会组织集团公司和技能大师，针对各直属单位报送的121条候选企业级合理化建议，召开初评会进行初审，从中确定出29条建议为候选企业级合理化建议，在此基础上，工会于11月22日又将29条候选企业级合理化建议反馈给提出建议的直属单位再次组织专家进行论证审核，以决定能否纳入企业级合理化建议。经相关直属单位论证审核，有7条建议被直属单位否决，最终有22条建议被列为候选企业级合理化建议。11 月 30 日，工会组织相关业务部门专家、建议提报人、相关直属单位工会负责人，召开企业级合理化建议评审会，对 22 条候选企业级合理化建议逐一进行审核、论证，以建议的全局性、普遍性、可行性、效益性和针对性为评判标准，最终评审出一等奖 4 条，二等奖 2 条，三等奖 5 条。

群众性合理化建议活动的开展，充分发挥了广大职工为企业的改革和发展提建议、建良言、献良策的智慧和主人翁作用，为全面完成年度各项工作目标和任务，促进生产经营管理水平提升做出了积极的贡献。

通过以上工作实践可以看出，要想开展好合理化建议活动，应自下而上，从基层班组到管理区、车间、基层单位，再到工厂，抓好领导支持、组织引领、方案制订、宣传发动、建议征集、采纳实施、表彰奖励、总结评估 8 个步骤，扎实推动合理化建议工作在企业内落地。

案例

企业直属单位群众性合理化建议活动经验做法

面对采油厂发展的新任务、新要求，如何调动广大员工为企业发展提建议、献良策，成为采油厂各级工会组织积极探索的一个课题。近年来，采油厂工会从工作实际出发，探索实施了以“全员征集建议、分级审理建议、逐级采纳办理建议、季度奖励‘金点子’建议、年终表彰成果建议”为主要内容的五步工作法，扎实推动群众性合理化建议活动落地见效。

一、全员征集建议

突出做法是搭建征集建议平台，畅通征集渠道，提升合理化建议征集的参与度和覆盖面。

开展群众性合理化建议活动有两个方面的考虑：一是通过合理化建议活动去了解职工所思所想，及时解决职工的期盼和诉求，通过采纳、实施合理化建议凝聚职工的自信心和对采油厂的向心力。二是为职工提供一个聪明才智的展示舞台，引导职工从只关注眼前利益向围绕中心工作去深层次思考问题提升，提出符合企业高质量发展、长远发展的建设性建议。基于以上两个方面的考虑，在开展合理化建议活动时，既要考虑员工参与的便捷度，又要考虑建议的合理性。

(1) 搭建网上建议平台，既方便职工提建议，又减轻过去纸质建议的负担。以前开展合理化建议征集活动时，通常是一级级下发征集表，职工填写、基层汇总、层层上报，节点烦琐、时效性差，工作量大，职工参与积极性低。随着智慧工会建设日趋成熟，充分利用网络平台，打破层级概念，树立平台思想，在“胜利职工 e 家”App 和群团业务平台建设“网上职工之家”，设计“我向工会说句话”和“我向河采献一策”合理化建议模块，在网页端的“河采信息网”和手机端的“胜利职工 e 家”中“河采网上职工之家”同时设有建议提报入口，标准化设计提报页面，交互便捷、内容简明、一目了然，职工只需要做“填空题”，突出便捷性，参与全天候、低门槛、无障碍。在企业群团业务工作平台，为各级工会组织设有建议的审核节点，提高工作效率，突出过程管控程序化和规范化，工作流程考核可量化、可闭环。

(2) 畅通线下征集渠道，线上线下同步，扩大群众性合理化建议活动覆盖面。在班组层面，工会小组通过主题班会、职工大会等广泛宣传活动，让职工充分了解参与渠道、活动内容。因办公设备有限、职工知识水平和岗位局限等因素影响，班组建议征集采取职工线上自主提报和线下班组日常征集相结合的方式。基层单位“三室一中心”业务人员和基层领导、厂机关业务部室通过线上提报入口随时提建议。

(3) 分类征集，营造提合理化建议活动“不分大小、人人可提”的全员参与氛围。根据采油厂和员工的情况，把合理化建议征集分为两类：第一类为反映职工个体诉求和生产生活等方面的建议。这类建议征集面对的是基层广大职工群众，参与门槛低，无提报定式，无内容限制，职工只需要真实反映问题、合理表达意愿即可，主要为了扩大群众性合理化建议活动的覆盖面。第二类为促进采油厂高质量发展的安全、生产、经营等中心工作的建议。这类建议征集重点是面对高技能操作岗位、管理和技术岗位人员，含金量比较高，重点鼓励在采油厂效益开发、生产经营、绿色低碳等方面提出的有建设性规划、有具体措施内容和效益预测的建议。以上两类建议由易到难，人人可参与，既可以提出对单位生产经营的意见建议，也可以提出一些与职工个人利益相关的意见建议，只要合理就是合理化建议，不合理也给大家一个发表意见的平台，这样人人都有参与提合理化建议的方向和位置。

对于第一类“反映职工个体诉求和生产生活等方面的建议”，职工可随时从手机端将建议录入“我向工会说句话”栏目，只需录入标题和内容。据统计，“我向工会说句话”收到1076条建议，其中：个人诉求占22.59%，民生实事占50.96%，权益维护占12.35%，政策法规占2.32%，生产经营占11.78%。在提交留言的职工中：企业职工代表留言28条，占比2.6%；厂职工代表留言55条，占比5.1%；基层单位职工代表留言203条，占比18.9%；职工群众留言790条，占比73.4%。由此数据可见，“胜利职工e家”的手机端极大激发了普通职工群众提合理化建议的参与积极性。

对于第二类“促进采油厂高质量发展的安全、生产、经营等中心工作的建议”，职工可以随时从网页端将建议录入“我向河采献一策”栏目，需要选择建议类别、提出背景、具体措施和方法、效益测算等规范化内容。据统计，共收到征集的合理化建议328条，其中促进安全管理类建议24条，占比7.3%；促进生产管理类建议275条，占比83.8%；促进经营管理类建议15条，占比4.6%；促进企业管理类建议6条，占比1.8%；促进环境环保类建议6条，占比1.8%，其他类建议2条，占比0.6%。

二、分级审理建议

突出做法是坚持一级抓一级，实施分级审理，提升合理化建议的采纳率。

群众性合理化建议活动的实质是发挥职工主人翁作用，活动的关键点在于采纳实施。只有建议得到了实施，职工才会觉得自己受尊重，自身价值得到充分认可，职工才能真正认同合理化建议活动开展得有价值，从而激发干部员工持续参加提建议的积极性。为此，采取“层级化管理”推动建议逐级采纳实施。

对于第一类“反映职工个体诉求和生产生活等方面的建议”，由基层工会主席负责处理，在3个工作日内处理完毕，向职工回复办理情况和具体措施。对超出本级业务工作范围的建议，提交厂级层面处理，厂工会在7个工作日内办理后给出回复。所有回复内容采取实名制，并在手机端和网页端征求员工意愿后及时公开。截至目前，平台所有留言回复率和回复及时率为100%。如，人力资源职工提出希望提供技能提素平台增强外闯竞争力的建议后，人力资源服务中心随后就采纳实施，开展了“人力资源杯”业务技能竞赛，包括采油、化验、油管(杆)修复、抽油机安装、财务、中式烹调师、无人机、电工、物业保洁等9个外闯主要工种。又如，采油管理七区位于河口与东营中间位置的陈庄镇，职工留言希望管区单独解决往来东营通勤的建议后，管理七区领导班子经过调研论证，在一个月内为职工开通了班车。

对于第二类“促进采油厂高质量发展的安全、生产、经营等中心工作的建议”，分级审理。班组层面，对征集到的合理化建议，在每周的生产会上对有价值的建议进行讨论论证，给予采纳实施。基层单位层面，对征集到的合理化建议，由工会牵头，根据建议数量和内容，月度召集单位领导、业务室集中对提报建议进行讨论，对有价值的建议采纳实施。随着群众性合理化建议活动的深入以及网页端标准化提报更便捷，各级专业技术人员更有技术优势和工作便利，也愿意积极发挥采油厂生产经营智库作用，运用技术专长围绕中心工作提出高质量有建设性措施的建议。采油厂层面，对征集到的合理化建议，由厂工会牵头即时转送相关部室；对于机关部室提报的合理化建议，厂机关工会采取部室领导审核，部室采纳实施。由于厂机关部门工作的特殊性，站位更高，机关部门工作往往也是采油厂管理层面工作，所以机关部室能够深入参与到群众性合理化建议活动中，对于发挥决策参谋作用有重要意义，但由于部室业务繁忙，参与率往往不高。

三、逐级采纳办理建议

突出做法是对审核后采纳办理的建议，加快办理进程，加大办理力度，提高建议办理率，确保建议落实到位，见到应有的成效。

群众性提合理化建议活动的最终目的是职工建设性的建议和措施运用于生产管理中，改进和提升运行效率和效益，促进企业的高质量发展。推动落实办理好建议，需要逐级推动落实。

对于第一类建议，坚持问题导向、需求导向，分一般、普通、重大等三个类别，建立平台意见问题反馈机制，采油厂工会主席对职工提出涉及采油厂重大决策、重要事项的问题建议，定时与采油厂领导、相关部门沟通协调，通过采油厂层面予以回复。如，通过平台开展民生实事项目意见征集活动，第一手资料为采油厂推进民生实事工作提供了科学依据，在职代会上进一步明确10项民生实事项目。其中，职工提出去医院做肠胃镜检查程序复杂、耗费时间长，希望采油厂提供集中检查服务。厂工会通过线上线下调查后发现需求量很大，列入民生实事项目后，与中心医院协商为职工开办集中肠胃镜检查服务。职工自愿报名，单位补贴200元，厂工会集中挂号取药，预约检查时间，安排专车接送、志愿者陪检，极大方便了职工，两年来惠及1400名职工，60%的健康有小问题的职工得到及时治疗。在1076条留言中，职工提出问题建议637条，解决问题415个，超出采油厂职权范围、不属于问题的全部予以答复。

对于第二类建议，重点解决合理化建议资源共享问题。所有提报审核通过后决定采纳实施的合理化建议，在采油厂主页和手机端同时显示，各单位、各部门可以随时查阅，了解建议方案，促进难题互通、方案共用、建议共享。如，处于采油厂业务核心的经营共享中心工会小组大力宣贯逢会必讲，2022年第四季度提报4条建议全部采纳实施。“关于报废罐清洗处置的建议”改变原流程，能有效减少采油厂在报废资产处理过程中存在的安全环保隐患。建议提出后，经营共享中心多次与上级处室结合推进建议落实，聘请专业评估造价公司对清洗流程测算出具专业方案，2022年采油厂53个报废罐依此法处置，有效规避风险。党群工作部提出的“关于进一步加强推广应用EAP的建议”，采油厂领导召开专班讨论通过，于2022年底建设“心河汇”EAP工作室。

四、季度奖励“金点子”建议

突出做法是对有价值的“金点子”建议进行及时奖励，让干部员工第一时间得实惠、受激励，进一步调动干部员工提建议的主动性。

在活动开展过程中，建立起有效的利益导向机制，通过季度奖励“金点子”建议，长期调动全员提合理化建议的积极性，让职工充分感受到合理化建议活动是企业为职工搭建的一个展现自己能力、经验和知识水平的平台，推动企业与职工双赢。

随着工会小组经费下沉到班组，以及采油厂主题劳动竞赛和基层单位、班组“单体细胞创效”劳动竞赛的深入开展，在劳动竞赛中单独设置创新创效“金点子”竞赛，对职工提报的合理化建议逐级评选奖励。

班组层面对于职工参与提合理化建议活动侧重鼓励和激励，建议不在大小，重在参与、“海选”奖励。班组通过月度绩效和工会小组经费进行即时奖励，充分保护职工参与积极性。截至2023年6月，全厂班组奖励“金点子”建议共计10.8364万元。

基层单位每季度组织“金点子”建议评选，纳入单位季度劳动竞赛表彰，截至2023年6月，基层单位共评选优秀“金点子”建议191条，奖励总额3.5561万元。

采油厂层面，厂工会每季度通过线上线下结合的方式评选“金点子”建议。线上开设投票专栏，由厂领导、专家、业务部门负责人组成评委团，对采纳实施的合理化建议进行投票；线下组织评审会优中选优，评选季度创效“金点子”建议，纳入采油厂季度劳动竞赛表彰一并奖励。截至2023年上半年，共评选表彰87条“金点子”建议，行政奖励4.35万元。

五、年终表彰成果建议

突出做法是对年终已办理完成的合理化建议成果，根据经济效益和社会效益大小进行评审奖励，奖励建议办理部门做出的重要贡献，激发办理部门的工作积极性，形成一个良好的合理化建议办理氛围。

为促进群众性合理化建议活动形成从征集、审理、采纳、办理、奖励到效益体现的全过程闭环运行，每年底由采油厂领导、专家作为评委，开展年度合理化建议成果评选。在评审过程中，注重三个维度的评价：一是以事实和数据为依据，针对反映在生产工艺技术、节约生产成本和提高安全、生产、经营、质量、企业、队伍管理等工作中的突出问题，提出具有建设性、合理性、可行性、效益性的新思路、新办法、新措施、新点子，获得采油厂劳动竞赛季度“金点子”表彰，并得到采纳办理的建议成果。二是符合合理化建议工作运行机制要求，体现建议办理部门采纳实施、落实办理、创造效益的闭环运行理念和工作实绩。三是合理化建议成果要具备建设性、合理性和科学性，采纳实施后管理得到改善、技术得到进步、效益得到提升、问题得到解决、基层干部职工认可、各级管理部门领导认可。

对所有线上提报的合理化建议，采取每季度反馈采纳实施情况，全程闭环跟踪建议运行，年终抓实合理化建议成果的评审。年底召开群众性合理化建议成果评审会，分“基层单位合理化建议”和“厂级层面合理化建议”两个类别，从季度合理化建议“金点子”中，根据建议的措施内容、办理过程和效益情况进行综合评审，评选表彰年度群众性合理化建议优秀成果一、二、三等奖。通过年度合理化建议成果评选，表彰建议办理部门做出的重要贡献，激发办理部门的工作积极性，形成一个良好的合理化建议办理氛围。同时，这些建议的全过程闭环运行，也为各单位、各层级在群众性合理化建议活动的开展中提供了工作开展的样板，有效地激发了群众性合理化建议工作的生机和活力。

第三章

新时代班组建设创新实践

班组是企业生产、经营活动的最小工作单元，也是最基层的劳动和管理组织。长期以来，国有企业各级工会组织通过大抓班组、大抓基层，为民族复兴孕育了一大批优秀职工、高技能人才和大国工匠。2019 年，咸阳纺织集团赵梦桃小组全体成员给习近平总书记写信，汇报了赵梦桃小组的发展历程和近年来的工作成绩，表达了扎实做好班组建设与生产工作的信心。随后，总书记以回信的方式对班组建设和班组长作用发挥给予高度肯定，“希望大家继续以赵梦桃同志为榜样，在工作上勇于创新、甘于奉献、精益求精，争做新时代的最美奋斗者，把梦桃精神一代一代传下去”。新时代背景下，班组建设对于弘扬劳模精神、劳动精神、工匠精神，推进企业高质量发展，都有着更加重要的时代意义和深远影响，同时也需要国有企业工会探索完善与新发展阶段、新发展理念、新发展格局相适应的新时代班组建设的新思路和新路径。

第一节　什么是班组建设

一、　班组及班组建设的概念

（一）班组

班组是企业组织生产经营活动的基本单位，是企业最基层的生产管理组织。

（二）班组建设

班组建设是指通过有效的手段和方法，提升班组管理水平、班组员工和班组整体素质能力，确保班组高效运行的一系列工作。这些工作的目的是最大限度地调动班组成员的生产积极性和创造性，提高他们的工作技能和综合素质。班组建设的核心是：不断完善加强班组建设管理机制，以落实岗位责任制为核心，以高效安全完成各项生产工作任务为目标，以不断提升班组管理水平和员工队伍素质为重点，增强班组团队的学习能力、创新能力、实践能力，切实加强企业基层组织基础管理，实现员工与企业的和谐发展、共同进步，为提高企业核心竞争力打牢坚实的基础，推动企业又好又快发展。

二、　班组建设的重要意义

班组是企业管理中最基础的一级管理组织，是企业组织生产经营活动的基本单位，是企业一切工作的立足点。因此，加强班组建设，是强化企业基础管理，提升企业核心竞争力，促进职工全面发展，构建和谐企业的必然要求。新形势下全面加强班组建设，实现班组管理的科学化、制度化、规范化，是实现企业管理现代化的一项重要工作。

三、 班组建设的总体要求和目标任务

（一）班组建设的总体要求

班组建设要以科学发展观为指导，以提升班组管理水平为核心，以提高班组成员整体素质为重点，以开展班组创先争优劳动竞赛和创建“工人先锋号”活动为载体，不断提高班组工作水平，推动班组工作制度化、规范化、科学化和民主化，不断提高班组执行力、创新力和凝聚力，切实把班组建设成为能够出色完成生产工作任务、具有较强创新能力，管理科学，纪律严明，团结和谐的坚强集体。

一是选配政治强、业务精、素质高，有一定组织能力的员工担任班长。班长是班组的核心，既是生产者又是管理者。一个班组的好与差，能否充分发挥班组在企业的生产活动和其他活动中的作用，班长是关键。

二是建立必要的规章制度。没有规矩，不成方圆。要建立班组的各项管理制度，如质量管理、目标管理、考勤制度等，明确班组内的工作职责、任务、作业程序等。特别是建立严格且公平公正的考核制度，是激发员工工作动力的关键制度。通过制度的建立健全，使班组的基础工作做到工作内容指标化、工作要求标准化、工作步骤程序化、工作考核数据化、工作管理系统化。

三是开展班组达标升级竞赛。引导班组岗位“创新、创效、创优”，

进而推进企业精细化管理，使之成为推动企业基础管理上台阶、生产经营持续发展的重要手段。

四是抓班组硬件建设。加强班组的硬件建设，可以直接让员工看到企业对班组建设的投入，亲身体验“职工之家”的整洁、舒适、温馨，不仅能使广大职工保持良好的精神状态，更好地投入生产工作中去，还能促使职工革除掉许多不良习惯，进而增强企业的凝聚力和向心力，使企业实现用环境留人的目的，培养提高班组长素质。

(二) 班组建设的目标任务

班组建设要以打造“一流工作、一流业绩、一流服务、一流团队”为目标，以广泛开展“建三星、争四星、夺五星、创品牌”为主要内容的“星级班组”升级创建为抓手，以实现班组工作“六个全面”为主要建设任务，切实把班组建设成为推进企业高质量发展的坚强堡垒、精益管理的实践基地、价值创造的创效单元。具体班组建设的“六个全面”建设任务是：

(1) 规范运行全面覆盖。根据企业管理要求，将企业内班组全部纳入创建中来，实现班组建设全覆盖。

(2) 组织建设全面夯实。强化组织领导，各单位要成立班组建设领导小组，落实责任，深入推进，强化运行。

(3) “三标”建设全面达标。细化班组工作标准，夯实基础管理，抓实班组基础建设，推进班组“三标”建设100%达标。

(4) 风险管控全面到位。强化班组风险管控，确保班组不发生安全、环保、质量事故，无违纪、违法案件。

(5) 绩效考核全面落实。以价值创造为核心，突出价值引领、效益导向，落实绩效考核政策，出台实用可操作的班组绩效考核办法，突出主营业务创效、岗位管理优化创效等方面的增效考核，强化生产过程风险管控责任考核，让每个班组都成为创效单元、每名员工都能创造价值。

（6）技能素质全面提升。强化思想引导、技能培训，班组员工思想素质和技能素质全面提升。

力争用 3 年时间，实现各基层单位三星级、四星级、五星级班组分别达到班组总数的 60%、30%、10%的创建目标，在企业中涌现出一批特色鲜明的品牌班组。

四、 班组建设应遵循的原则

一是适应企业发展需要原则。紧紧围绕企业发展目标，从企业改革、发展和生产、经营、管理的实际出发，全面加强班组建设，努力夯实基础工作，进一步提高企业竞争能力。

二是促进职工全面发展原则。班组工作要坚持以人为本，尊重职工、依靠职工，充分发挥职工主观能动性；保障职工权益，实现体面劳动；加强文化建设，体现人文关怀；注重提升素质，促进职工全面发展。

三是继承与创新相结合原则。要在总结班组建设工作经验、坚持成功做法的基础上，认真研究新情况，努力解决新问题，积极探索新路子，不断创造新方法，使班组始终富有生机和活力。

四是行政管理与民主管理相结合原则。在班组内部，既要维护班组长的行政指挥权威，又要尊重职工的民主权利，鼓励和支持职工参与管理，充分发挥班组工会小组长和“工管员”的作用，实现班组管理全员化。

五是分类建设原则。结合工作实际，区别不同类型班组，明确不同类型班组建设的核心指标和工作内容，增强工作针对性、实效性。

六是分级负责原则。企业应从公司到工厂到车间(矿区)再到基层班组各层级，明确在班组建设中的管理主体、责任主体、实施主体、创建主体责任，实行“一级明确一级的责任、一级管理一级、一级推动一级”的工作模式，切实将班组建设责任落实到各层级。

七是管业务必须管班组建设原则。充分发挥企业各级机关职能部门的管理职能和专业特长，按照“谁主管谁负责、管业务必须管班组建设”的原则，从工作实际出发，对班组建设整体规划、点面结合、分步实施，实现班组建设全面进步、全面过硬、全面夯实。

第二节　如何抓好班组建设

班组建设要从建章立制和完善生产记录等基础资料入手，以落实岗位责任制为重点，以出色完成生产任务和保证班组工作正常运转为目标，进一步增强班组执行力。要把加强管理与教育职工增强工作责任感和执行规章制度自觉性有机结合起来，使班组管理建立在深厚的群众基础之上，实现职工由被动管理向主动参与、由粗放管理向精益管理、由传统管理向现代管理的转变，促进班组管理科学化，全面提升班组管理水平。

一、 制定好班组建设的基本要求

班组建设是一项有一定难度的系统工程，要求党、政、工、团同心协力，齐抓共管；仅仅依靠哪一级哪几个领导，哪一个部门抓是远远不够的，也是难以胜任的。企业要不断加强对班组建设与管理工作的领导，树立“班组是我家，建设靠大家”的思想，提高组织者和参与者对班组建设与管理工作重要性的认识，做到统一领导、分工负责、归口管理、专业指导，将班组建设工作真正纳入企业行为，把管理的触角深入每一个班组，把责任细化到每一名员工，以此来促进企业管理工作的进展，完善班组各项管理制度。

二、 加强对班组建设工作的指导

班组建设工作是企业一项十分重要的基础工作。各有关部门要从促进经济社会又好又快发展的高度，充分认识加强班组建设的重要意义，切实加强指导。要注重调查研究，及时指导企业研究解决班组建设工作中遇到的新情况新问题。要加强分类指导，认真总结不同类型企业加强班组建设工作的经验，大力培养、选树和宣传先进典型，充分发挥模范班组的示范引导作用。要找准位置，发挥优势，密切配合，努力形成合力推进班组建设的工作格局。

加强对班组建设工作的指导，要从以下几个方面入手：

一要从企业顶层设计入手，指导基层单位(车间、矿区)制订好班组建设实施方案和考核评价办法。

二要从强化过程管理入手，指导各单位建立班组三大长效运行保障机制。第一，建立工厂层面和基层单位(车间、矿区)层面的“月度班组建设工作例会机制”，及时掌握、调度班组建设工作进展，协调解决推进过程中遇到的问题；第二，建立工厂层面的基层单位(车间、矿区)“季度班组建设考核排名机制”，激发车间(矿区)抓班组建设的积极性；第三，建立车间(矿区)基层单位层面的“月度班组建设考核与绩效考核挂钩机制”，激发基层班组自主创建的主动性。

三要从搭建班组相互交流学习、共同进步的工作平台入手，在工厂层面和基层单位(车间、矿区)层面定期举办基层班组建设论坛，交流班组建设经验。

四要从树标对标入手，建立星级班组创建指标体系，明确创建方向，引领基层班组对标创建。

五要从发挥典型示范引领作用入手，指导各基层单位之间开展班组结对共建，以强带弱，相互促进、相互提升。

六要从健全班组长抓管理、带队伍的激励机制入手，指导基层单位(车间、矿区)抓好班组长队伍建设。

七要从压实绩效考核入手，指导基层单位(车间、矿区)让每个班组都成为创效单元。

八要从激发班组建设活力入手，指导基层单位(车间、矿区)扎实开展好“星级班组”升级创建工作。

下面，以某油田企业为例，阐述一下如何抓好对班组建设工作的指导。

案例

如何抓好对班组建设工作的指导

一、油田层面推进班组建设工作的举措

(1) 加强油田层面班组建设的组织领导。成立油田“推进基层班组建设工作项目组”，对班组建设实行项目化管理，制定出台油田《关于进一步加强班组建设的实施意见》，加强对班组建设的指导、督导、考核。

(2) 强化油田层面班组建设的全过程管理。建立油气生产单位、专业化单位两个区域化班组建设协作区，定期开展交流学习，相互促进，共同提高；组建油田班组建设督导组，选调业务强、负责任的职工代表以“四不两直”方式，随机对所属直属单位班组建设情况进行督查，督查结果及时向所在直属单位通报，并纳入直属单位工会工作量化考核中来，加强对直属单位抓班组的督导和过程管理。

(3) 做好油田层面班组建设的抓点工作。在各直属单位抓点的基础上，企业按照优中选优、好中选好原则，选取不同行业、不同特色、不同类型的班组建设典型，展示班组建设工作的步骤、方法、载体、抓手、做法、效果。这个典型可以是直属单位、基层单位在抓班组建设方面的典型，也可以是基层班组建设的先进典型，还可以是后进班组变先进班组的典型。

二、采油厂(直属单位)层面推进班组建设工作的举措

(1) 加强采油厂层面班组建设的组织领导。采油厂应成立“推进基层班组建设工作领导小组”，工会主席挂帅任组长，工会及其他业务部门负责人任成员，班组建设协调办公室设在工会，工会副主席任办公室主任，负责统筹协调班组日常建设工作。

(2) 科学制订采油厂层面班组建设实施方案和星级班组创建考评办法。这一点至关重要。应从顶层设计入手，结合单位实际，因地制宜，制订出适合本单位实情的加强班组建设实施方案和星级班组创建考评办法。各单位可从本单位主力班组开始抓起，如采油厂可先抓注采站。

各单位要按照问题导向的思路，结合本单位实际，从制约班组建

设的瓶颈问题入手，把瓶颈问题作为班组建设的切入点和突破口，补短板、强弱项，进行精准创建。在对班组建设工作的考核方面，要注重发挥机关职能部门的专业优势，让他们全部参与班组建设，按照工会搭台、牵头、抓总，机关职能部门分专业在推进班组建设工作中唱“主角”的工作模式，将班组建设融入专业职能部门的日常工作中来，与专业职能部门日常管理同部署、同检查、同考核。不要将班组建设工作另起炉灶，而是要将班组建设“融入中心、下沉重心、凝聚人心”。

各单位在班组建设过程中，应建立“赛马”机制，构建星级班组创建对标体系，使班组能够及时认清自己的位置，通过对比标准、查找短板，制定出有针对性的提升班组建设和星级班组创建的改进措施。考核标准或考核内容应做到定量考核与定性考核相结合，能指标量化的考核内容要量化，不能量化的考核内容要采取定性考核。不提倡各单位搞“矮子里选将军”式的考核，而是提倡构建让班组对照标准自动自发搞创建的竞争模式，经过“努力跳一下能够着目标”的创建方式，激发班组的“潜力”。

班组建设应避免搞表面文章、搞形式主义，班组建设工作运行要实、星级班组创建成效要实，要见到实实在在的成效。通过班组建设要让班组管理水平有所提升，是班组标准化管理水平提高了，还是安全“三标”提高了？是价值创造提高了，还是人均创效提高了？是班组长抓管理、带队伍的能力提高了，还是员工的精神面貌、精气神提高了？

（3）加强采油厂层面班组建设的过程管理。①建立采油厂班组建设运行工作例会机制。在不增加会议的基础上，将班组建设工作纳入采油厂现有的生产运行例会或政工例会或工会例会或其他会议中来，通过例会重点掌握阶段性班组建设和星级班组创建的运行节奏、进度，掌握采油管理区班组建设开展情况，解决管理区班组建设运行中需要解决的问题，安排部署下一个阶段工作。②建立采油厂“季度三级单位班组建设考核与绩效考核挂钩机制”。将各三级单位抓班组建设好坏纳入对三级单位的绩效考核中来，激发三级单位抓班组建设的积极性、主动性。③举办采油厂班组建设论坛。不定期举办班组建设论坛，搭建起三级单位之间、班组之间相互交流学习、共同进步的工作平台，让采油管理区之间交流抓班组建设的心得体会、让班组之间交流推进班组建设的好举措、好办法。

三、采油管理区(基层单位)层面推进班组建设工作的举措

(1) 加强采油管理区班组建设的组织领导。采油管理区应成立“推进基层班组建设工作领导小组”，工会主席挂帅任组长，工会及其他业务组室负责人任成员，班组建设协调办公室设在管理区工会，负责统筹协调班组日常建设工作。

(2) 加强采油管理区层面班组建设的过程管理。①建立管理区班组建设运行工作例会机制。将班组建设工作纳入管理区现有的生产运行例会中来，通过例会重点掌握阶段性班组建设和星级班组创建的运行节奏、进度，掌握基层班组工作开展情况，解决基层班组工作中遇到的问题，安排部署下一个阶段工作。②建立管理区“月度班组建设考核与绩效考核挂钩机制”。每月，各管理区要将对班组建设月度考核结果与月度班组绩效考核结果相挂钩，增强对基层班组的考核力度，激发自主创建的主动性。

(3) 抓好班组建设“结对共建”。结对共建可以是直属单位内部三级单位之间的结对共建，也可以是三级单位内部班组之间的结对共建，还可以是跨三级单位班组之间的结对共建，如采油管理一区与采油管理三区结对共建，采油管理二区班组与采油管理四区班组结对共建，等等。要因地制宜，灵活掌握，切实发挥先进班组的示范引领和传帮带作用。

(4) 做好班组建设抓点工作。各单位在全面推进班组建设的同时，要充分运用抓点带面、用典型指导一般的工作方法，大力开展典型选树工作。这个典型可以是采油管理区抓班组建设的集体典型，也可以是基层班组创建的个体先进典型，还可以是后进班组变先进班组的典型。在抓点工作中，要防止以点“代”面、以点“盖”面问题的发生。点上工作做得再好，也不能说明整体工作优秀，再多的亮点也抵不过一个短板，班组建设工作应以全面覆盖、全面进步、全面夯实、全面过硬为核心，实现固底板、补短板、强弱项的创建要求。

三、选拔、培养好班组长

班组长是班组的领头人，班组建设搞的好不好，很大程度上取决于班长这个领头人。要根据企业实际，建立班组长培养、选拔、任用机制，选配具有一定文化素质、责任心强、作风正派、技术熟练、敢于管理、善于团结人的优秀职工担任班组长。注重班组长岗前培训和在职培训，加强班组长之间的学习和交流，不断提高班组长的工作能力和综合素质。既要支持班组长履行职责、行使职权，又要加强对班组长的管理教育和监督。要拓宽班组长的发展渠道，为他们的成长创造有利条件。

（一）班组长的任职条件

一个好的班长应该具备以下条件：

（1）有一定的文化基础，技术基础，过硬的实际操作本领。

（2）有较好的素质，较强的责任心。

（3）有组织、管理能力，既能抓管理，又能关心团结群众，调动群众的积极性。

（4）有强烈的安全意识，又懂得一些管理知识。

（5）能规范遵守各项规章制度，以身作则。

（二）班组长要具备的管理能力

俗话说：打铁还需自身硬。在班组管理中，班组长要结合本班组的实际情况，不断增强自身的管理才能，提高班组管理水平。这就要求班组长要具备以下几点：

（1）工作思路要清晰。思路是班组开展工作的前提，没有清晰的工作思路，班组就处于混乱状态，就会成为没有竞争力和活力的班组。制定一个清晰、科学、明了的工作思路是班组做好每项工作的保证。首先，班组长要认清当前企业面临的形势，明确企业生产的方针目标和班组管理的内容与任务。在传达给班组的成员时，要让班组成员明确当前的形势和目标。其次，班组长要找本班组的差距，要看清本班组在矿区、车间班组中的差距，只有找到了差距，才能提高班组的管理水平。最后，班组长要明确思路，制定一系列合理可行的奋斗目标和工作措施来完成全部的工作量。

（2）班组管理要严格。在班组管理中，班组长要树立精益求精的理念。在严格要求自己的同时，要用班组管理制度来约束每个组员的意志和行动，这是班组各项工作顺利进行和全面完成的保证。特别是在执行制度上，确保公平性，制度面前人人平等，破坏制度的不管是谁，视情节给予不同的处罚，使班组管理步入正常化的轨道。

（3）考核奖励要到位。考核奖罚举措是激励和约束班组成员的有效机制，调动每一名成员的积极性和主动性，搞好搞活班组的工资奖金分配，要充分体现多劳多得、奖勤罚懒的分配原则，利用最合理的分配去最大限度调动职工生产积极性。要增强班组工资奖金分配的透明度。实行公开发放，符合班组职工的意愿。要让工资表、考勤表、奖金表张榜公布，让每名成员互相监督、自我管理，使分配更具有民主性、公正性，赢得职工的信任，提高班组的向心力和凝聚力。在奖罚制度上努力做到按制度执行，该奖励的，要奖励；该处罚的，要处罚，让被奖的职工感到舒心满意、被罚的职工心服口服。

（4）一人一事的思想工作要用心。在班组思想工作管理中，班组长要努力做到以心换心，与班组成员进行心与心的交流，情与情的碰撞，要学会换位思考，多考虑别人，少考虑自己，要有维护班组利益的理念。在班组思想工作管理中，班组长首先要做到一个“公”字，在任何工作中都要做到公平、公正、公开，不能有损公利私的念头。在班组中不搞小集团，不搞亲疏有别，不花言巧语骗取领导和班组成员的信任，不讲“江湖义气”，做到实事求是，不做虚假的事情。其次要做到一个“暖”字，在班组管理中，要从尊重人、关心人、理解人等观念出发，在平时管理中，要用温暖的话语，诚挚的感情，热情的帮助去感动班组成员，让班组成员体会到班组小家庭的温暖，班组长平时要注意班组成员的动态，哪些班组成员今天情绪低落，哪些班组成员有病请假，哪些班组成员怀孕生子等，都要及时关心爱护。要尊重每一个班组成员的人格和见解，理解每一个班组成员的心情和存在的实际问题，不让班组成员因自己的困难和建议得不到解决与采纳而感到班组长“独断”。最后，要做到一个“活”字，在活字上，班组长要下一定功夫，要把每项规章制度活学活用，不要死搬硬套地管束班组每一个班组成员。工作要有的放矢，因人而异，什么样的情况采取什么样的管理办法，每个人的情况不一样，故不能千篇一律采用同样的管理办法。在班组管理中，既要做好班组成员工作期间的思想工作，又要做好工作八小时以外的思想工作，时刻关注每一个班组成员的思想动态。

四、 注重提高班组成员素质

班组不仅是完成企业生产任务的基本单位，也是锻炼人、培养人、教育人的重要课堂。要从班组工作实际出发，采取灵活多样的方法和班组成员易于接受的培训形式，不断提高班组成员思想道德、科学文化和专业技能水平。深入开展创建学习型、创新型班组活动，积极引导班组成员学习新知识、钻研新技术，不断提高学习能力、实践能力和创新能力。要提高班组成员素质，就要抓好班组成员的岗位培训。

（一）岗位培训的内容

班组员工的岗位培训内容广泛，大致应以岗位工作标准和应知应会为重点，突出抓好安全生产操作规程、应急处置等方面的岗位培训，全面提升员工岗位履职能力、规范操作能力和解决实际问题能力。可分为两大类，即适应性岗位培训和标准化规范化岗位培训。前者有岗前培训、转岗培训、提高培训、达标培训和专题培训等多种形式；后者为职业资格证书培训。具体培训的内容包括专业技术知识、专业技能、管理知识和管理制度等，新老员工对此的侧重点是有区别的。

(1) 新员工培训。新员工的培训应侧重岗位基本技能、基本要求的培训，目的是使其尽快适应新的工作环境和岗位。

首先，思想意识的灌输。包括企业文化在班组层面的落实与演化、班组精神、小组氛围、纪律意识、安全意识、质量意识、岗位责任。这些内容可以达到先入为主的效果，使员工在思想理念上与企业和班组有一种认同感，强化其工作的紧张感，详解岗位职责使其尽快进入角色。

其次，岗位技能和相应知识。如作业标准书、设备操作、设备检查、常见故障应对等。这是培训的重点，以其能够符合上岗标准为该培训内容的终结。

最后，工作环境相关知识和制度。具体包括质量管理基本知识、危险预知培训、标准化操作规定等。

(2) 老员工培训。老员工的培训重点内容是多面手培养、技能的提升、新技术应用等，目的是应对企业临时缺员的需要，同时为技术骨干和基层干部培养后备人选。

① 生产技能提升和新技术应用。帮助员工提高实际操作技能和技术水平，不断学习新技术、新工艺、新设备、新技能。

② 创新能力培训。服务于立足本岗位的小发明、小革新的更多出

现，培育创新思维、实验能力和创新方法。

③ 多种技能掌握。一专多能和多面手是员工的培养方向，可以从技术的相关性以及操作的整体性角度来设计多种技能的培训。

④ 管理能力的培训。针对技术过硬、素质较高、态度端正的老员工，可以给予适当的管理知识和能力方面的培训，以培养后备基层管理者队伍。

（二）岗位培训的方式

从目前的班组实践看，培训方式有很多，各有侧重。不同的培训对象和培训内容利用对应的培训方式效果会更好。以下三种培训方式应用较为普遍。

（1）师带徒培训。师父带徒弟的培训，是最传统也是效果最直接的新员工培训方式。这种一对一的传帮带学习方式，非常有针对性，而且培训责任到人，有利于培训效果的保证。对于新员工来讲，从有技术有经验的老员工那里可以直接学习到几年、十几年甚至几十年的实战经验，可以大大缩短自己摸索的过程，少走弯路。因此，这一培训方式要在制度化、规范化的过程中来鼓励和加强。一般情况下，师父与徒弟之间应签订师徒培训合同，制订培训计划，建立起正式的师徒关系，由师父在一定期间内传授新员工实际工作技能。这种培训很重要的一环是师父资格的确定。师父的能力和态度会直接影响徒弟的培训效果，因此师父的入选者资格要进行严格筛选。带徒弟的资格至少是技术过硬、人品正派、忠于企业和本岗位安全质量意识清晰。再则，要通过建立对师父的激励机制来鼓励他们带好徒弟，例如师徒同奖同罚制度、优秀师父荣誉制等。

（2）岗位练兵培训。岗位练兵，包括开展技术比赛，是根据岗位责任制或技术等级标准中所规定的内容，结合生产的实际需要，有意识地组织员工立足岗位互教互学相互切磋技能，以提高员工的实际操作技能，熟悉安全规范和增强应变能力。这种方式适合所有员工提升技能的培训，也可应用于新技术、新工艺的推广使用培训。岗位练兵根据不同岗位特点，可以采取多种方式，或先讲解示范再实践操作，然后评议总结；或相互比较操作方式，再扬长避短，予以综合；还可采用问答卡、示意图等辅助手段。在岗位练兵中特别要注意发挥老员工的指导作用，可以请他们总结操作经验，进行示范演示，传授操作要领。岗位练兵可以固化为企业例行的培训方式，在此基础上根据实际需要也可以临时增加练兵活动。

（3）岗位轮换培训。轮岗培训是指员工在班组内其他岗位上分别工作一段时间，以扩展其工作经验和工作技能的培训方式。这种培训主要目的是为员工转变为能适应多个工作岗位的多面手提供机会平台；同时，使员工更加熟悉班组的工作流程，多方位地了解工作职责，提高工作能力，也能加强班组内的沟通，改善班组关系。岗位轮换对于规划员工了解自身特长以确定个人的职业生涯也有帮助。

五、 切实抓好班组安全生产

班组要认真贯彻“安全第一，预防为主，综合治理”方针，牢固树立“安全发展”理念，不折不扣地执行安全生产的有关规定和职业卫生标准，认真落实安全生产责任制，加强生产现场管理，坚决杜绝违章指挥、违章作业。重视安全教育培训，提高班组成员的安全意识和事故防范、应急处置能力。积极开展“安康杯”竞赛活动，充分发挥劳动保护监督检查员的作用，切实把好安全生产的第一道防线，确保职工在生产过程中的安全与健康。

班组安全主要包括作业环境安全和职业健康安全两方面的内容。

（一）作业环境安全

作业环境安全主要是指班组的作业生产环境的安全。要做好环境安全工作，必须清楚了解班组环境安全的影响因素：作业场所设计不合理的因素；车间设施布置不合理的因素；周边作业场所防护不到位的因素；作业场所通风换气条件差的因素；防尘、防毒、防噪、防震设施配置不全的因素；防火、防爆设施缺少，机械设施和电器设施接地及防护缺乏安全性的因素等。消除作业环境中的不安全因素，是保证安全生产的必要前提。

（二）职业健康安全

职业健康安全是指在生产过程中，有很多因素会对生产人员的身体健康产生一定的危害性，这些危害因素通常称为职业性有害因素。这些职业性有害因素有：物理有害因素（气候因素、辐射、噪声等）；化学有害因素（生产性毒物和生产性粉尘等）；与劳动有关的其他因素（工作时间长，作业强度大，劳动制度、劳动组织过程不合理等）。总之，防范和消除影响班组生产人员职业健康的有害因素，是保证班组生产人员身体健康的前提条件，同时也是保证企业能够正常生产、提高管理水平的重要内容。

（三）班组安全生产的内容

1. 建立健全班组安全生产管理制度

安全生产规章制度通常由企业参照有关标准制定，是班组安全管理的重要依据，是班组成员必须遵守的行为准则。班组常用的规章制度有：安全生产责任制、岗位责任制、安全技术操作规程、设备保养规程、工艺规程、安全检查制度、安全教育与培训制度、安全奖惩制度等。

2. 做好班组劳动保护

班组劳动保护是指班组按照国家、企业制定的有关劳动保护的法律法规和规章，采取的一系列技术、管理措施。劳动保护侧重于消除有损员工安全与健康的危险因素，以保证员工在生产活动中的安全与健康。班组劳动保护是企业劳动保护的实施基础和落脚点，班组长是班组劳动保护的第一责任人。因此，班组长要努力推动劳动保护技术在班组的应用，与班组全体成员一起做好班组劳动保护的各项工作：遵守劳动保护的相关法律和规定；不断改善班组生产环境与劳动条件；防止班组伤亡事故和职业病的发生；严格遵守作息时间；加强女工特殊保护；做好员工个体防护；用好管好劳保用品；妥善处理工伤事故现场等。

3. 开展经常性的安全教育和技能训练

开展安全教育和技能训练能提高班组成员的安全生产责任和自觉性，使班组成员掌握基本的安全与卫生知识，提高安全意识和技能，掌握搞好劳动安全工作的客观规律，学会消除工伤事故和预防职业病的本领。经常对班组成员进行安全教育与训练，可以把员工头脑中保留的静态记忆安全知识变成安全意识和技能。这些安全教育和技能训练内容包括：

（1）安全意识教育：安全问题伴随着生产过程，有其必然的规律，只有提高安全意识，尊重客观规律，才能把“安全第一，预防为主”的方针落到实处。

（2）安全责任教育：落实责任是企业管理的核心，也是安全生产的不二法门。教育班组成员增强安全责任意识，变“要我安全”为“我要安全”，才能实现以人为本，安全发展。

（3）安全方针法规教育：通过进行安全生产方针和法规教育，增强职工的法制观念，使班组成员理解安全生产方针的重要意义，从而提高遵章守纪、抵制违章指挥作业的自觉性。

（4）事故案例教育：事故案例教育可以使职工从发生的事故中看到危害，形象直观，使班组成员更好地吸取血的教训，引以为戒，进行案例分析，做到防微杜渐。

（5）安全技术与工业卫生知识教育：通过学习，可使班组成员熟知所在环境的各种危害因素和作业标准，掌握工伤事故抢险和抢救伤员的基本应急知识，预测预防事故的发生。

（6）安全技能训练：通过各种形式的安全技能训练，如模拟故障训练、危险预测训练、模拟事故抢救训练、消防灭火模拟训练等，提高班组每个成员的安全技术素质和预防事故本领。

4. 开展安全检查

安全检查是安全控制系统的反馈环节，是班组安全管理的一个重要内容，主要包括员工的劳动保护措施、安全技术规章的执行情况、设备的安全运行状况、劳动条件与工作环境等内容。通过安全检查，可以在事故发生之前辨识出生产过程中的危险因素，分析、评价和控制危险，总结交流经验，预防事故，监督安全规章和操作规程的贯彻实施，制止各种违章行为。班组的安全检查要建立安全检查档案，要防止检查流于形式。班组安全检查的方式包括综合安全检查与专业性安全检查、日常安全检查与季节性安全检查、互相检查与自我检查、定期检查与随机检查、通知检查与突击检查等。

5. 实行班组标准化作业

实行班组标准化作业可以防止人的不安全行为和物的不安全状态出现，有效地预见和防止事故的发生，从而保证安全生产和职工的安全健康。为达到这个目的，其有效的途径就是优化统一班组的各种作业程序标准化：作业操作程序标准化、作业人员的操作行为标准化、设备维修保养标准化、防护设施标准化、工具吊具使用标准化、作业场所标准化。实行班组标准化作业，既要确保班组人员记得住、学得会、用得上，还要充分了解班组成员的安全需要，调动班组成员的积极性，这样才能顺利推行标准化，才能收到成效。

6. 班组安全活动要经常化、制度化

班组安全活动需要结合本企业、本班组的实际情况，贯穿于日常生产的全过程、全方位。多年的实践证明，企业开展的各种安全活动，都非常有效。如创建安全班组活动、应急演练活动、安全活动月活动、隐患排查活动、征集安全合理化建议活动等，既激发了职工的积极性，又依靠职工创造了一个安全、环保的生产环境，推动了班组安全建设工作开展。

六、 广泛开展班组竞赛

广泛开展班组竞赛是推动劳动竞赛扎实有效、深入发展的重要措施，也是促进班组建设的有效途径。班组竞赛要以创建“工人先锋号”、“单体细胞创效”劳动竞赛、“星级班组”升级创建等活动为载体，以安全生产、提高效率、提升质量、创新技术和节能减排为重点，与创建劳动关系和谐企业和建设“职工小家”等活动紧密结合。通过竞赛，进一步调动班组成员的积极性和创造性，引导班组成员争当锐意改革创新的先锋和推动高质量发展的楷模。以“星级班组”升级创建竞赛为例，阐述一下如何开展好班组竞赛。

（一）制定竞赛内容

“星级班组”升级创建竞赛是指在推进企业班组建设的进程中，由低到高设立三星级班组、四星级班组、五星级班组、行业品牌班组四个创建等级，采取“逐级申报创建、逐级考核评比、逐级表彰奖励”的创建工作模式，在企业上下形成梯次推进的创建工作格局。

（二）确定竞赛步骤

按照“企业直属单位统筹、部门协同、专业指导、基层推进、班组提升、逐级申报”的竞赛运行模式，分层管理，分级创建。普通班组申报创建三星级班组，三星级班组申报创建四星级班组，四星级班组申报创建五星级班组，五星级班组申报创建行业品牌班组。采油管理区等三级单位工会负责本单位的三星级、四星级班组的申报创建，企业直属单位工会负责五星级班组的申报创建，企业工会负责行业品牌班组的申报创建。星级班组每年底考核评比一次，与企业年度“三基”考核同步进行。

(三) 明确竞赛考核评比办法

根据班组建设目标和重点工作，分行业、分类型，从质量、安全、价值创造、综合管理、风险管控等方面入手，制定可量化的星级班组创建考核体系，明确三星级、四星级、五星级、行业品牌班组的考核标准。企业直属单位工会负责本单位三星级、四星级、五星级班组创建实施方案和考核办法的制定并报企业工会生产劳保部审核备案；企业工会负责行业品牌班组创建考核办法的制定。“质量”方面重点考核班组现场“三标”管理；“安全”方面重点考核班组安全生产；“价值创造”方面重点考核班组的经济技术指标；“综合管理”方面重点考核班组组织建设、技能素质、管理制度、和谐建设；“风险管控”方面重点考核安全环保、违纪违法、信访及舆情事件等。

(四) 实施表彰奖励

经考核达到所申报星级班组条件的，即授予所申报星级班组荣誉称号。对评出的三星级、四星级、五星级班组由各直属单位给予表彰奖励，奖励办法报企业工会备案；对评出的行业品牌班组由企业给予表彰奖励。企业推荐省部级以上班组建设荣誉和“工人先锋号”时，将从五星级班组和行业品牌班组中择优推荐。对获得行业品牌班组荣誉的班组长，纳入优秀班组长人才库，择优评先树优。对风险管控不到位，发生安全环保质量事故，发生员工违纪违法案件及影响稳定的信访、舆情事件的班组，实行一票否决，当年直接取消参评资格；对已评为星级班组的，摘星归零。

案例

激发细胞创效活力

——某企业“单体细胞创效”劳动竞赛纪实

单人、单井、单台设备、单个项目，每一个都是创效竞赛“小细胞”；“小发明”“小创造”“小革新”“小设计”“小建议”，每一项都是创新竞赛“小载体”。企业深入开展“单体细胞创效”劳动竞赛，将竞赛重点“落”到每一个基层班站、岗位、员工，通过竞赛激活每一个“细胞”创效的积极性、主动性，实现岗位价值创造最大化。

一、划小竞赛单元，每个岗位都是“竞赛场”

“单体细胞”竞赛的概念，改变了员工“竞赛就是上竞技场”的传统印象。

企业员工基数大，生产系统复杂，涉及工种多、行业多，尽管每年都举办不同形式的劳动竞赛，可重点项目毕竟是少数，很难让多数基层员工都能参与其中。按照传统竞赛模式，一个上千人的直属单位，能被企业竞赛覆盖的也就几百人，甚至更少。

群众性劳动竞赛如果不能让广大员工参赛，就失去了生命力。为了解决竞赛覆盖面不宽的问题，企业将“单体细胞创效”劳动竞赛“下沉”到基层单位、班站，每口单井、每台设备、每个项目、每个人都能成为竞赛单元，“小发明”“小创造”“小革新”“小设计”“小建议”都纳入竞赛范围，彻底激活每一个“细胞”的活力。

电力分公司胜东供电管理区输电运维站在竞赛中聚焦单条检修线

路，利用无人机实施“空地一体化”巡检新模式，提高巡线到位率和缺陷处理率；变电运维站在竞赛中聚焦单个电力设备，将每一台设备承包到人，提高设备检修的精准率；配电运维站聚焦单个检修现场，逐一检查，及时整改，现场“三标”管理水平大幅提升。

竞赛不再是少数单位、少数人的“精英赛”，而是大多数员工都能参加的“大众赛”，激发全员“动起来”。一段时期以来，企业各基层单位组织开展“单体细胞创效”劳动竞赛282项，52800多名员工参与其中，竞赛氛围浓厚。

二、降低竞赛门槛，每名员工都是“赛场选手”

传统竞赛，通常注重在直属单位、基层单位之间比和赛，竞赛指标设计得“高大上”，员工感觉距离他们远，参与的劲头不高。

“单体细胞创效”劳动竞赛在划小竞赛单元的同时，降低参赛准入门槛，让员工们“使使劲”“努努力”就能比得起来，打通了岗位员工参与竞赛的“最后一公里”。

胜采厂采油管理六区聚焦单井设立“最佳管井时率”“最佳工况油井”“最低能耗油井”竞赛，聚焦单车设立“最低油耗车辆”竞赛，聚焦单泵设立“最佳节能离心注水泵”“最佳节能外输泵”竞赛，聚焦单人设立“最佳化验操作能手”“最佳信息化运维能手”“最佳外闯市场创效先锋”竞赛，力争让每一名岗位员工都找到适合自己的竞赛场。“身边的小竞赛”有效调动了大家的工作积极性、主动性。管理区各项工作新的标杆纪录不断产生，探索出一批有效的管理经验。有的员工管理的井因皮带使用周期长，被评为“采油管理区最长寿皮带”，做法在全厂推广；有的管理区总结出“精细管理十项规范”，将时率监控缩短到“一小时”；有的基层单位实施管理降耗，深挖“每一度电”……

当每个单体细胞竞赛与岗位员工紧密衔接、相互融合时，员工们创新创效的内生动力被激发，向着“人人都创效，项项工作都提效，台台设备都高效”的目标努力。

三、用好竞赛激励，人人都有价值感、收获感

一样的工作又变得不一样了。

过去干工作是完成生产任务，现在在完成生产任务的同时，还在“单体细胞创效”劳动竞赛这个平台上收获了荣誉和奖励，员工自我价值得到最大限度体现。

在孤东厂采油管理五区开展的七项“单体细胞创效”劳动竞赛中，KD32-14-9 井及时调整“四点一线”和抽油机平衡率，有效降低皮带的磨损和更换频率，该井承包人郭庆利被评为“吨油运维创效能手”；集输站员工王建勇工闲期间利用自学的电工知识维修外输螺杆泵和注水泵变频柜，合计节约维修费用 12000 余元，被评为“集输设备修旧利废创效能手”。员工们你追我赶，谁都不甘落后。在季度评比中，该管理区 14 名员工及两个班站脱颖而出，获得荣誉的同时还得到了丰厚的奖励。

为了进一步激发员工的创造性，企业劳动竞赛的总体思路是从上到下，分层推进，每个层级都各有自己的竞赛重点。

企业层面聚焦增储上产、新区高效建产、老区稳产等核心目标任务，深入开展重点工作、重点工程劳动竞赛。直属单位层面突出专业特色，广泛开展主题劳动竞赛。而“单体细胞创效”劳动竞赛

就是面向基层，将竞赛落实到单人、单井、单台设备、单个项目、单个指标、单项费用、单个岗位，通过扩大竞赛的参与度、覆盖面，赋予劳动更大价值，赋予员工更多获得感，助推企业与员工共同进步。

在2023年开展的“单体细胞创效”劳动竞赛中，企业表彰了200多名表现突出的个人。“我主导优化通勤车线路3条，节约成本60余万元，采油厂开通了仙河至东营的通勤车，我在其中做了一些分内工作，得到了单位和同事们的认可，很有成就感。”获得“专业化运行竞赛表彰”的孤东采油厂生产管理部员工吴勇军表示。

今后，企业计划加大竞赛表彰奖励力度，期待更多的劳动模范、劳动竞赛标兵个人从竞赛中脱颖而出，成为促进企业高质量发展的排头兵、主力军。

七、 不断完善班组民主管理

班组民主管理是企业民主管理的重要基础。要进一步加强班组民主管理的制度建设，在继续坚持和完善“两长”(班组长、工会小组长)和班务公开制度等行之有效制度的同时，积极探索班组民主管理的新途径和新形式，使班组民主管理工作不断适应企业发展的要求，保障职工的知情权、参与权、监督权和决定权。班组决策要充分听取班组成员的意见，班组长要自觉接受班组成员的监督。

案例

设立班组职工代言人，推行基层协商议事新机制，不断推进基层民主管理工作上水平

注采 303 站组建于 1973 年，现有职工 41 人，其中男职工 21 人，女职工 20 人。设有 3 个油水井班、1 个综合维修班、1 个资料室，共 5 个专业单元。管理着 113 口油水井，其中，油井开井 58 口，水井开井 29 口，5 座计量站、6 座配水间，担负着年产 7 万吨的原油生产任务。

近年来，随着油田、采油厂各项改革的不断深入和互联网的发展，职工的思想日趋多样化，在我们的职工队伍中出现了一些新情况和新问题。一是油田和采油厂的组织结构和队伍结构出现了大幅度调整，利益格局发生了变化，呈现出劳动关系复杂化、就业方式多样化的局面，部分职工心理上产生了一些变化，特别是当个人利益受到影响时，职工的反应特别明显。二是实施多年的生产承包制，使职工个人利益与小队的经营管理和经济效益紧密挂钩，职工们不仅仅关心小队生产经营的好坏，而且参与民主管理的意识和要求越来越强烈。三是由于职工对各方面信息的筛选和评判能力存在差异，这给构建和谐稳定的职工队伍带来了难度。针对这些问题，我们认识到：只有重视和加强民主管理，畅通民主管理渠道，让职工话有处说、事有处讲，我们才能及时掌握职工的思想脉搏，才能有的放矢地理顺情绪、化解矛盾、解决问题，才能构建一支和谐稳定的职工队伍。为此，我们注采 303 站从民主管理入手，进行了一些有益的探索和实践。

一、设立班组职工代言人，畅通民主管理新渠道

作为基层干部，我们都有一个体会：有些职工不善于和队上沟通，遇到问题，只会在班组中发发牢骚、说说怪话，这很容易引发职工思想上的混乱和情绪上的波动，影响职工的工作积极性和队伍的稳定。

2010 年下半年，我们发现职工们经常会为一些事情议论得热火朝天，干工作也带着情绪，但是却没有人向队上反映。一天送班会上，几个班组的职工突然纷纷提起了意见。有的说："我队在用的油水井管线使用年限长，腐蚀磨损严重，频繁穿孔，整天补孔太累人，队上能不能向矿上反映一下，有计划地给予更换，减少穿孔、减少污染赔偿、降低职工的劳动强度。"有的说："应该建议矿上给采油队电气焊工配备专用劳保工服，普通劳保工服经常被焊花烫出窟窿，防护效果差。"还有的说："队上应该多关心职工的身心健康，在每天的上午和下午能不能给后勤资料室人员 10 到 15 分钟的工间操时间，让大家活动活动筋骨，缓解一下紧张的工作，释放一下工作上的压力。"

面对班组职工的议论，我们认识到：在班组与队上，还存在信息沟通不畅的问题，缺乏一个有效的职工诉求表达渠道。针对这一问题，我们队委会一班人及时和队上的工会委员会成员，坐在一起，协商解决的办法。经过大家协商，决定从民主管理入手，在每一个班组设立 1 个"职工代言人"，负责收集班组职工的意见建议、职工的诉求、职工的心声、职工关注的热点焦点问题，并及时向队上输送。"代言人"由各班组选举产生。2011 年春节期间，队上的热饭间只有冷藏、热饭的功能，使得节日值班人员的吃饭成了问题。班组"职工代言人"张希彬发现这一问题后，及时将这一问题向队上进行了反馈，队上在了解了

职工的意愿后，立刻用误餐费为节日值班的职工购买了速冻水饺、鸡蛋、挂面等食品，及时解决了节日值班人员的用餐问题，温暖了值班人员的心。随着夏季到来，天气变热，苍蝇蚊子也逐渐多起来，给驻岗职工带来了烦恼，当班组代言人及时将职工的烦恼告诉队上后，队上及时为驻岗岗站配发了电子灭蚊器和苍蝇拍，使驻岗职工的烦恼得到有效解决。

这些年来，通过实施班组“职工代言人”这一新举措，使班组与小队之间开通了一条信息传递的快速通道，在班组职工与队干部之间架起了一座相互沟通的“连心桥”。由于“职工代言人”与班组职工朝夕相处、天天工作在一起，职工的一些想法他们基本上最先知道，这为代言创造了积极条件。工作中，我队的班组民主代言人积极作为、勇于代言，已累计向队上反映大事小情50多件，有力地推进了各个问题的解决，在全队形成了一个人人“为家代言，为家建功”的良好局面。

二、推行基层协商议事新机制，激发民主管理新活力

民主管理是把握职工思想脉搏，凝聚职工队伍的有效途径，更是组织职工参与生产经营、构建和谐职工队伍的有效手段。在工作实践中，我们充分感受到：只要尊重职工、相信职工，遇事与职工协商、与职工沟通，就一定能够解决工作中遇到的各种热点、难点问题。

2011年初，夜间驻岗制度在采油厂全面推行，我队因缺员严重，要求队上的男职工全部参加夜间驻岗值班。要求一出，队上就有多名职工提出种种理由，不想值夜班，导致我队夜间驻岗一时无法执行。针对这一状况，我们分别召开队上的民主管理小组会和队委会，来讨论这一问题。可一圈会议走下来，不愿参加驻岗的职工，不仅一个未

减，反而还增加了。

面对这一问题，我们连夜召开了队党支部会认真分析研究，认为队上的民主管理小组会和队委会，与会人员范围小，涉及的内容也各不一样。队委会仅限于队班子成员参加，主要是研究队上的重大事项和工作部署；队民主管理小组会由队上的民主管理小组成员参加，尽管与会的人员增加了，但受民管会这一群众性组织的影响，议事的权威性受到了质疑、执行力受到了影响。面对这一尴尬的实际状况，能否找到一个既有权威性，又有广泛性的议事新机制呢？我们经过认真思考、充分讨论，提出了能否借鉴协商民主的模式，发挥党支部和工会的长处，实行“基层协商议事”的新想法。思路决定出路，想法产生办法。很快，我们就制定出了具体的“基层协商议事”规则，即由党支部、工会共同牵头，由支部委员、工会委员、班组民主代言人、民主管理小组成员、班组长等各层面的成员共同参加联席会，代表多方利益，以保证协商议事的广泛性、代表性和权威性。

经过充分准备，我们基层协商议事会的第一个议事内容就是：组织召开了“驻岗专题协商议事会”。专门研究部分职工因病不想参加夜班驻岗的问题。会上，对三名不想夜间驻岗的职工，进行了认真讨论，认为：老职工吴凤俊因年纪大，又因患糖尿病导致视力变差，如果参加夜间驻岗可能出现不安全的问题，因此不安排他驻岗，但白天中午班必须参加；其他两名职工，病情轻微，不参加驻岗的理由不充分，应参加夜间驻岗，但队上将安排相对年轻的职工和他们一起值班，相互照顾一下。就这样，通过联席议事会，使驻岗这一难问题得到了妥善解决，并于当天在全队宣布执行。

之后，我们对“基层协商议事”规则不断总结、完善。明确了协商议事会每月定期召开一次，遇到突发性、临时性问题，随时召开。采取常规事项定期议事，突发事项临时议事。议事会坚持做到“三议，三不议”：即上级安排的各项工作任务不议，议如何发挥大家的智慧，调动大家的积极性去完成；对协商议事会制定的有关规章制度不议，议执行中存在的疏漏和进一步完善的内容；对民主联席会讨论通过的决定不议，议需要整改完善的工作。近年来，我们先后利用民主联席议事会这一协商平台，通过了《夜间值班管理规定》《劳动纪律考核办法》《效益工资管理考核办法》《误餐费使用管理规定》等规章制度，几乎涵盖了采油队所有日常工作。由于是集体民主协商讨论的结果，这些制度的执行得到了全队职工的支持，保障了制度的贯彻落实。

基层协商议事会的召开，不仅拓宽了民主管理的渠道，夯实了民主管理工作的基础，还在队上形成了一个了解民情，反映民意，集中民智的科学决策机制。近几年，我们先后召开联席议事会20多次，解决热点难点问题20多个，在全队形成了一个“心齐、气顺、劲足、家和”的良好局面。

三、实施阳光公开新举措，保障议事结果快落实

代言、协商、落实是我们推行这一新机制的三部曲。对协商议事会上的讨论结果和会议决定，我们及时通过职工大会和队务公开栏向全队职工进行公开，认真吸收职工的意见和建议。在得到职工认可和赞同后，我们立即对议事会上决定的事项进行落实，并请“代言人”对落实情况进行监督，落实完后我们还要对落实的情况进行公开，再次接受职工群众的监督，以确保每次协商议事会解决的问题，能够得到实实在在的落实，切实打通基层民主管理“最后一公里”。2012年3月初，有些年龄较大的老职工在查看公开栏中的《工资奖金考核表》时，觉得队上的奖金考核看不大明白，希望队上把奖金考核表头改一下。在听到老职工的反映后，“职工代言人”张宏第一时间将老职工的心声向队上进行了反映，根据“职工代言人”的反映，队上及时召开联席议事会，做出整改调整，一方面在公开栏内张贴公示，另一方面又在职工大会上向职工说明效益工资分配的情况和分配的依据。通过“张贴+说明”这一公开形式，及时化解了职工心中的疑问。

为了做到议事内容公开不留死角，我们对讨论通过的奖金分配、奖金系数调整、夜间值班、制度制定、工伤处理、先进评选、值班缓休、加班误餐等议事内容，都及时通过队务公开栏、职工大会、民主代言人等多个公开渠道，向全队职工公开。做到常规问题定期公开，热点、焦点问题随时公开。如每年的春节、元旦、“五一”加班以及优秀基层队的集体奖金发放，工资晋级调档、女工怀孕早休、怀孕需调换工作岗位等特殊问题，我们也都是经过联席议事会讨论，拿出方案、形成决议、张榜公示，然后再进行操作实施。

四、不断丰富班组代言新内容，推动“班组职工代言、联席协商议事”落地

几年来，我们在“班组职工代言、基层协商”做法中总结提炼出了班组代言“五字诀”：听，利用每周班组会听取职工的意见和建议，了解班组职工关心的热点、焦点问题，关注职工动态信息；录，对班组职工反映的各类生活和工作中的诉求进行记录和分类整理，合理安排代言工作；提，将班组职工正确合理的要求和工作建议，及时向党支部反映，提出提案，当好班站与职工沟通的桥梁；商，充分行使班组“职工代言人”的知情权、参政权、监事权，在协商议事过程中参与充分讨论并提出建议；评，党支部与班组“职工代言人”之间采用互评的方式督导和促进基层协商议事工作的开展与落实。党支部定期对班组“职工代言人”的工作质量进行评价，班组“职工代言人”对党支部提案办理效果进行评议。

创新推行班组代言“五必做”：每天必须了解班组重点工作安排及发生的重要事情；每周必与一名职工谈心了解工作和生活情况；每月必向班组员工宣讲形势任务和政策法律；每季必总结分析班组员工思想动态；每半年必对代言工作进行小结。创新实施协商议事“六通气”：遇到问题及时通气，决策之前预先通气，认识不一再三通气，改变决定重新通气，正常工作定期通气，紧急情况事后通气。持续实施“3×3”暖心工作法：①关注三类人群：情绪低落的职工、思想波动的职工、生活困难的职工；②解决三种问题：政策咨询解疑惑，技能帮扶提效益，生活解困促和谐；③端正三个态度：首问负责、考评问责、公开明责。

回顾这几年经过的大事小情，每一桩每一件都得到了妥善处理，这些成绩的取得，都得益于代言人作用的有效发挥、得益于联席议事会的高效权威、更得益于民主管理工作的扎实开展。“民主代言、联席议事”不仅使职工的知情权、监督权、参与权落到了实处，还使我队职工民主管理、民主监督的范围得到了拓宽，更进一步密切了我队的党群、干群关系，促进了队伍和谐。同时，也为职工参与基层管理创造了条件，在我们队形成了全员参与民主管理的良好局面，使我队民主管理工作充满了生机和活力。

八、 进一步加强班组思想工作

加强思想工作是增强班组凝聚力和战斗力的重要保证。班组思想工作要坚持用社会主义核心价值体系引领班组成员，坚持以科学理论武装人，以劳模精神、劳动精神、工匠精神激励人，积极引导班组成员树立正确的世界观、人生观、价值观，坚定理想信念。准确掌握班组成员的思想动态，及时反映班组成员诉求，把做好思想工作与关心班组成员的工作生活结合起来，加强心理疏导，注重人文关怀。加强班组文化建设，培育爱岗敬业、争创一流，团结互助、文明和谐的团队精神。

九、 实施“班组结对共建”

充分发挥先进班组的传帮带作用，立足企业内部，在基层单位之间、先进班组与落后班组之间开展“班组结对共建”活动，明确结对共建目标、内容、措施，切实将“结对共建”作为提升班组建设的有效抓手。要加强过程跟踪指导，定期开展效果评估，确保“班组结对共建”工作扎实落地、取得成效。

总结归纳班组建设，有五点认识：

第一点认识：加强对班组建设的领导，是开展班组建设工作的关键。

第二点认识：健全科学完备的班组建设标准和考核体系，是班组建设的基础。

第三点认识：推动班组建设各项工作上水平，是班组建设的初心和使命。

第四点认识：抓典型树样板，对标追标，以点带面，是推进班组建设的有效方法。

第五点认识：开展“星级班组”创建，是激发班组建设活力的有力抓手和载体。

案例

创新开展“星级班站升级创建”纵深推进企业基层班站建设上水平

近年来，企业持续深化油公司建设、专业化发展、管理体系变革重塑，撤销原有基层队、压扁一级管理层，企业发展活力有效激发，运行效率效益持续提升，但也暴露出基层单位对班站管理不适应、管理弱化和班站长自身管理能力不足等实际问题。为此，企业工会认真贯彻落实全总、企业党委有关班组建设的工作部署，将工作重心向班站建设聚焦，积极探索推进班站建设的路径、方法和载体，创新开展“星级班站升级创建”，推动企业基层班站建设全面进步、全面提升。

一、突出顶层设计，科学制订方案，企业“星级班站升级创建”有了清晰路线图

班站是企业最小的基础管理单元，是企业发展的坚固基石，班站强则企业基础强、班站优则企业基础优。企业工会在基层班站建设中，认真抓好“三个坚持”，高站位谋划企业班站建设的工作路径。

一是坚持目标引领抓创建。企业工会站在夯实企业发展根基的战略高度，制定出台了《关于进一步加强班站建设的实施意见》，以“建三星、争四星、夺五星、创品牌班站”为主要内容，以实现三年内三星级、四星级、五星级班站分别达到班站总数的60%、30%、10%，在各行业中涌现出一批特色鲜明品牌班站为主要任务，以打造“一流工作、一流业绩、一流服务、一流团队”的最基层组织单元和企业做强做优做大、员工成长成才的重要阵地为创建目标，秉持分类管理、分级负责、管业务必须管班站建设的创建原则，指引企业班站建设向深层推进。

二是坚持实用管用抓创建。企业工会坚持从工作实际出发，提出升级创建的工作路径，即基层班站由低到高先从三星级班站创建开始，逐级向四星级班站、五星级班站、行业品牌班站创建，在企业上下形成梯次推进、升级创建的工作格局。研究出台了星级班站升级创建十项举措，指导基层单位进行星级班站创建：①规范班站设置；②加强班站组织制度建设；③配套完善班站绩效考核机制；④规范精简班站资料；⑤抓实班站“三标”建设；⑥加强班站长队伍建设；⑦强化班站员工素质提升；⑧改善班站工作生活条件；⑨加强班站和谐建设；⑩实施班站“结对共建”。

三是坚持科学考核抓创建。企业工会根据不同行业、不同类型班站之间差异大的实际现状，从质量、安全、价值创造、综合管理、风险管控等方面入手，分别制定了采油、作业、集输、电力等不同行业、不同类型班站的星级班站创建考评办法，建立起了符合不同行业、不同类型班站自身特点的三星级、四星级、五星级、行业品牌班站的考核标准，明确每一项考核的指标是什么、标准是什么、谁来考核、达到什么标准是几星级班站，增强了星级班站升级创建考评办法执行的指导性和规范性。在抓好考核标准的同时，对企业各层级班站实行分级分类考评，直属单位负责三星级、四星级、五星级班站创建考核，企业工会负责各行业品牌班站创建考核，并将星级班站考核与“工人先锋号”评选挂钩，极大地激发了基层班站星级创建的积极性、主动性。

二、强化组织领导，引领统筹推动，企业“星级班站升级创建”有了强大动力引擎

目标指引创建方向，实干推动工作落实。班站建设能否在基层落地生根、开花结果，关键在于企业各基层单位是否高度重视、是否强力推进抓落实。企业工会从引领统筹推动入手，突出“四个强化”，着力推动班站建设上水平。

一是强化统筹领导，实行项目化管理，增强班站建设组织力。企业工会创新组织形式，以项目组形式统筹推进企业班站建设。在企业层面，成立了“推进基层班站建设工作项目组”，将4个直属单位纳入项目组中来，召开班站建设项目组启动会，对班站建设工作进行安排、部署，统筹推进班站建设项目实施。在直属单位层面，各单位把班站建设列入企业重要议事日程，成立了“推进基层班站建设工作项目工作专班”，工会牵头部门联动，各级工会主席为第一责任人，相关专业科室部门共同参与创建，使“管理业务必须管班站建设”的工作要求得到很好落实，做到了管业务与管班站建设同部署、同检查、同考核，使大抓基层的鲜明工作导向得以形成。

二是强化过程管理，注重机制建设，增强班站建设穿透力。企业工会强化了企业、直属单位、基层单位三个层级的过程管理。在企业层面，建立“班站建设协作区机制”，以区域化班站建设协作区为抓手，强化企业层面的过程管理，激发直属单位抓班站的积极性。定期

召开协作区班站建设工作交流例会，组织各直属单位交流班站建设进展、分享工作经验、观摩学习共同提升。在直属单位层面，建立“班站建设季度运行例会机制”和“班站建设季度考核排名机制”，以季度运行例会和季度考核排名为抓手，强化直属单位层面的过程管理，激发基层单位抓班站的主动性。通过季度例会重点掌控基层单位班站建设的运行节奏、进度，需要解决的问题，安排部署下一个阶段工作；通过季度考核排名，激发基层单位抓班站工作的积极性。在基层单位层面，建立“班站建设月度考核与绩效考核挂钩机制”，以班站月度考核排名为抓手，强化基层单位层面的过程管理，激活基层班站自主抓创建的自觉性。各基层单位将班站建设融入日常生产管理工作中，每月按照班站创建考核办法，进行多维度定性、定量考核排名，并将考核结果纳入月度绩效考核中，充分调动了基层班站自主创建的主动性。

三是强化调研指导，实施“班站帮扶计划”，增强班站建设助推力。企业工会坚持问题导向，加强分类指导，深入各直属单位、基层班站了解掌握工作进展，对如何推进班站建设工作进行详细指导，及时为各单位如何抓好星级班站创建指明了方向、明确了步骤、消除了思想上的模糊认识。加大帮扶力度，实施“班站帮扶计划”，帮助制定星级班站量化考核体系，解决部分单位星级班站考核与基层班站贴得不紧、融得不深、考得不实的问题，推进星级班站创建向实推进。采取“抓两头、带中间”工作方式，向三星级以下薄弱班站聚焦发力，制订帮扶计划和帮扶措施，推动实现企业工会帮一批、直属单位扶一批、三级单位抓一批的帮扶目标。截至目前，企业各直属单位、基层单位共制订实施帮扶计划357个班站，有力推动了薄弱班站的持续改进。

四是强化提素赋能，举办班站长能力提升培训班，增强班站建设引领力。企业工会从加强班站长队伍建设，努力造就一支综合素质高、工作能力强、作风形象好的班站长队伍出发，按照实用、管用的培训原则，组织举办班站长能力提升培训班，着力提升班站长抓管理、带队伍、聚合力、创效益的能力。先后举办班站长赋能提素培训班8期，参训班长达500多名，企业工会计划用3年时间，将全体班站长全部轮训一遍，以班组长综合素质的提升，引领企业班站建设整体水平的提升。

三、聚焦基层问效，压实创建落地，企业班站建设取得丰硕成果

创建工作开展得怎样，创建效果是衡量评价创建工作的最好标尺。“星级班站升级创建”开展近三年来，企业各单位深入贯彻落实企业“星级班站升级创建”工作部署，始终坚持结果导向，把班站建设作为长期、长效工作来抓，确保了创建工作更实、成效更好。

一是“星级班站升级创建”有效激发了广大职工的劳动热情。“星级班站升级创建”成为各直属单位统领各路工作、提高管理水平的总抓手，成为各基层单位夯实基层管理基础、提升基层管理水平、改善基层生产经营指标、全员攻坚创效、提升价值创造的有效载体，成为各业务部门大抓基层的大平台。通过对星级班站的考核评比表彰奖励，有效激发了基层班站和广大职工参与创建的积极性，增强了基层班站的团队意识和集体荣誉感。

二是“星级班站升级创建”为基层班站精细化管理提供了持久动

力源。“星级班站升级创建”已经从相对单一的创建活动变成了推进各基层单位全方位提升班站管理水平、铸造特色管理品牌的发动机。通过创建工作，各单位不断完善制度、明晰责任、细化目标，持续推进“三基”工作规范化、标准化、科学化建设，使基层班站成为企业高质量发展的坚强堡垒、精益管理的实践基地、价值创造的创效单元。

三是“星级班站升级创建”营造了班班比学赶超、站站竞相超越的生动局面。“星级班站升级创建”的过程，就是用科学的管理理念和先进的思想去宣传、教育、发动职工群众的过程，也是职工自我完善、自我提高的过程。班站考核排名，激发各班站找差距、查不足；品牌班站选树，激发各班站向先进班站学习借鉴好经验、好做法，充分调动了广大干部职工奋发向上、争星创牌的激情，形成了比学赶超、竞相超越的生动创建局面。

截至2020年9月底，有35家采油厂和专业化单位、3500个班组加入“星级班站升级创建”，实现了班站创建在采油厂和专业化单位的全覆盖，其中，创建三星级班站920个、四星级班站562个、五星级班站200个，分别达到了班站总数的26%、16%、6%。在抓好三星、四星、五星级班站创建的同时，企业工会按照“整体无短板，专项有特长”的选树原则和“工作一流、业绩一流、价值创造一流、服务一流、团队一流”选树标准，在采油、作业、电力、地面维修、公共事业服务等行业的五星级班站中，选树了独具特色的“传承三老四严精神”品牌班站，“绿色生产”品牌班站，“三标”建设品牌班站，“安全高效作业”品牌班站，“维修应急抢险110”品牌班站，“用心服务物业”品牌班站等12个行业品牌班站，并给予35万元专项奖励，推动形成了“各级领导支持、工会牵头抓总、业务部门联动、基层班站行动、三星四星五星班站涌动”的创建工作格局。

四、企业抓班站建设的几点认识和体会

一是夯实基层管理基础、助力企业发展是开展“星级班站升级创建”的宗旨。“星级班站升级创建”只有紧密融入企业中心工作，为企业发展服务、为基层管理强基，才能成为推动企业可持续高质量发展的不竭动力。

二是各级领导高度重视、工会牵头推动、业务部门联动是开展“星级班站升级创建”的关键所在。“星级班站升级创建”只有领导重视，相关业务部门联手推动，才能实现预期的创建目标。

三是突出顶层设计，科学制订星级班站考核方案，是推动“星级班站升级创建”的行动指南。“星级班站升级创建”只有从顶层设计入手，制定科学考核办法，才能使星级班站创建抓有方向、干有目标。

四是推动基层班站建设全面提升、全面进步、全面夯实，是开展“星级班站升级创建”的初心和使命。“星级班站升级创建”只有全面提升班站各项管理水平，才能得到各级领导的支持和认可，才能呈现大抓班站建设的价值所在。

五是典型引路是推进“星级班站升级创建”的有效方法，评选星级班站、选树行业品牌班站是激发基层班站参与创建的有力抓手。“星级班站升级创建”只有充分发挥典型的辐射作用，以点带面，更好地带动越来越多的基层班站参与到创建中来，才能进一步促进企业基础管理提升。

案例

实施365绿色行动计划　全面打造“绿色生产”品牌班站

154注采站共有干部员工24人，党员14人，管理着42口油水井。针对地处湿地公园腹地的特殊环境，该站以“与绿色同行、创绿色家园”为愿景目标，以“品牌班站”创建为抓手，制订《“365”绿色行动计划》，夯实六项措施，明确五大目标，将“绿色生产”融入日常工作，构建了“景中有井、井中见景”“人、井、园”和谐共融、交相辉映的生态美景，形成了“地下高效采油、地上观光旅游”的绿色生态优势。

一、以厚植绿色发展理念为指引，推进思想观念转变，为绿色生产扬帆领航

154注采站从成立之初，就努力提升全员绿色生产意识，把绿色生产、绿色发展当成自己的行动自觉。

一是提高政治站位，树牢绿色发展理念。该站将集团公司《绿色企业行动计划》、企业“转变观念、更新理念160条”、绿色企业创建“一方案、两清单”等作为干部员工学习的重要内容，并层层组织签订了《绿色生产责任书》，制定完善《154注采站绿色生产岗位职责》，全面梳理各岗位绿色生产职责、工作流程，对梳理规范的13项工作职责、85项工作流程全部“上墙”，明确“该干什么、不能干什么”，确保不缺位、不错位。专门成立绿色生产领导小组，对绿色生产各项部署实施情况进行全程跟踪，动态管理，一周一碰头、一月一通报、一季一考核，督促各级党员干部认真履职尽责。

二是加强学习宣传，强化绿色发展理念养成。154注采站不断丰富

学习教育方式，开展“绿色生产”“高效开发”“绿企创建”大讨论活动，共收集整理学习心得44篇；定期邀请专家到班站宣讲绿色生产知识，让大家清楚形势、明确任务、落实责任；在井站、岗位设置绿色标准化操作规程，在办公生活区设置“绿色指标公开栏”“绿色提醒标识”，营造浓厚绿色生产氛围。组织“绿色生产知识竞赛”，通过问答和考试等形式，广泛宣传绿色制度、规范、指标，提升全员规范执行绿色制度的能力。

三是完善制度建设，规范全员绿色生产行为。在企业范围内第一个发布实施《绿色环保10条行为规范》，通过明确规定干部员工在绿色生产中的源头控制、开发方式、清洁生产、规范处置等10个方面的行为规范，让油藏开发“两个决不”、环保问题“事不过午、事不过夜”、“光盘行动”等成为大家的思想共识和工作准则。与此同时，该站还注重发挥典型引领作用，每季度开展“绿色施工现场”“绿色管理标兵”“绿色岗位能手”评选活动，通过典型引路，携手全员共建天蓝、地绿、水清的绿色品牌班站。

二、以打造绿色品牌班站为抓手，制订《“365”绿色行动计划》，为绿色生产奠基铺路

154注采站制订发布《“365”绿色行动计划》，进一步引导干部员工自觉做绿色生产的倡导者、行动者、示范者，全力打造绿色发展新高地。

一是立足绿色发展，制定“三年规划”。154注采站提出三年三步走的“三年规划”，从以转变观念为根本的“规范管理年”，到以提升绿色生产指标为核心的“指标提升年”，再到以打响“绿色生产”品牌为引

领的“示范引领年”。从最基础的实现“六不”控制目标，到达成既要产量效益，又要碧水蓝天的“五大目标”，再到打响“绿色生产”品牌，实现“六个引领”，逐步将班站打造成采油厂新型样板注采站，让绿色生产真正贯穿于油气开发生产全要素、全过程，全面建成集高效采油、观光旅游于一体的绿色生态注采站。

二是立足绿色行动，实施“六绿举措”。结合自身实际，154 注采站制定了“植绿、懂绿、会绿、真绿、全绿、长绿”的“六绿举措”。将绿色生产的责任清单、项目清单融入每一项工作，确保每一个岗位都有绿色职责，每一个流程都有绿色节点，每一项工作都有绿色目标；完善绿色管控体系，通过分层级风险管理，分系统专项治理，加强现场智能监管，做实做细“资源”“能耗”“利用”三篇文章，全面提升绿色生产指标，促进资源能源高效利用；将“绿色生产品牌班站”创建融入“共建幸福现河、共享美好生活”的“家和文化”，全方位打响“绿色生产”文化品牌，提升文化引领内生动力，实现清洁、高效、低碳、循环发展。

三是立足绿色主责，明确“五大目标”。154 注采站明确提出在自然递减、综合能耗、达标排放、风险管控、品牌建设等方面当前和今后要达成的目标任务，并以此为着力点，抓细抓实油藏开发、清洁生产、经营管理、思想文化等工作，真正成为清洁生产的实践者、生态文明的推动者、美丽石化的建设者。

三、以提升绿色生产水平为目标，做实绿色精细管理，为绿色生产夯基固本

为全方位提升绿色生产水平，154 注采站坚持问题导向、目标导向和效益导向，大力实施技术改造和信息化管控，实现节能降耗，绿色

生产水平不断提升。

一是强化源头治理，严控绿色生产风险。坚持最高标准，最严管控，重新调整设计规划，使用翻转内衬、PE连续管穿插等内防工艺，将普通钢管更换为无缝钢管，解决油井管线结蜡、结垢、腐蚀等问题，在保证油井效益开发的同时，减少地面管网穿孔的概率，降低环保污染风险。同时，按照管线规格、投产年限、铺设区域，对油水井管线实行分类管理，加强日常巡查和管网视频监控，利用管线泄漏预警系统，从源头降低原油泄漏率；充分利用湿地公园监控视频系统及人力资源优势，形成联动、联防、联治机制，实现湿地生态保护与绿色生产生活协调发展。

二是强化精细管理，提升绿色生产指标。通过信息管电、管理降电、治理节电，优化注水泵与电机匹配度，将154注水站更换电机，日节电350千瓦时，日降低能耗折合140千克标煤；对容量不匹配变压器通过合并或更换等方式实现变压器减容，合计减少容量50KVA，节约基本电费900元/月；通过应用抽油机平衡分析模块，对功率不平衡油井及时进行调整，目前已实施功率平衡调整35井次，日节电487千瓦时，提液单耗下降0.8千瓦时/吨，实现绿色生产能耗达标。

三是强化科技支撑，提高绿色生产质量。与新能源开发中心结合，推进太阳能项目开发，安装光伏发电板60平方米，日发电量60千瓦时，实现部分用电自供；引进和改造污水净化装置，对生活污水处理后实施循环利用，每天节约清水5立方米。在154注水站集中拉油点多功能罐引进安装低氮燃烧器，降低燃烧排放物烟尘颗粒、SO_2、NO_2的含量；积极推广静音抽油机的普及应用，目前已安装7台，完全满足了湿地园区生产现场的防噪声要求，同时降低了能耗。根据“麻辣烫”制作工程，设计使用“落地油”回收装置，实现了污泥不掩埋；通过自上油套联通流程和安装天然气回收装置密闭回收，确保废气不上天；研制发明“盘根盒接油装置”，使盘根原油落地问题得到彻底解决，实现原油不落地。

随着“绿色生产品牌班站”创建工作的推进，该站先后承办了绿色企业创建工作推进会，迎接了集团公司绿色企业创建验收，迎来了集团公司领导、国家电网、中国企业文化研究会，中国商飞、央视、省部级媒体、油田电视台、大庆油田等领导专家的调研参观，获得高度评价。

第四章

新时代职工技术创新工作创新实践

开展职工技术创新活动，组织职工积极参与技术创新实践，是提高职工创新能力，促进新质生产力提升和企业高质量发展的重要途径。习近平总书记在2024年1月中共中央政治局第十一次集体学习时指出，“发展新质生产力是推动高质量发展的内在要求和重要着力点，必须继续做好创新这篇大文章，推动新质生产力加快发展”。创新的关键在人，国有企业发展新质生产力必须注重发挥职工的主体作用，鼓励职工群众发挥自己的聪明才智和无限创造力。通过微创新、“五小”活动等多种形式鼓励职工群众不断进行技术革新，推动健全企业创新创造的激励机制和分配机制；鼓励职工群众发挥主人翁精神，积极献计献策，形成积极向上、奋发有为、争先创优的工作局面，进而实现企业高质量发展。

第一节　什么是职工技术创新

一、 职工技术创新的概念

（一）创新

创新是指通过引入新的思想、方法或产品，创造出独特且有价值的解决方案。

（二）技术创新

技术创新是指企业单位内部职工，在生产实践过程中，通过运用新知识、新技术、新工艺，或对现有技术进行实质性改进，以提高产品质量、增加产品附加值、降低生产成本、优化生产流程，进而实现市场竞争力提升和企业经济效益增长的一系列活动的总和。

技术创新的主体是企业单位的职工，包括技术人员、管理人员、生产一线工人等。创新范畴涵盖了产品设计、生产工艺、设备改造、流程优化、管理创新等多个方面。

技术创新的方式主要有三种：①原始创新：一般是指前所未有的重大科学发现、技术发明、原理性主导技术等创新成果。②集成创新：一般是指对已有的创新成果进行选择、优化和重组，在融会贯通、优势互补的基础上，形成一种新产品，创造出新的经济增长点。③二次创新：一般是指创新主体通过学习模仿先行者的核心创新成果，或购买已有的创新专利，并在此基础上进一步研究开发、改进和提高，形成自主的创新成果的过程。以上三种方式中，原始创新属于技术发明，集成创新和二次创新属于技术革新。

“技术创新”是从 Technology Innovation 一词翻译而来。这是 19 世纪末、20 世纪初，美国著名经济学家熊彼特先生在《经济发展理论》中提出的。技术创新首先是一种经济概念，其次是一种经济发展观。这一理论的一个根本特点是，高度重视技术变革在经济变革中的重大作用。它是经济和科技，甚至包括教育培训、文化等有机结合的一种理论观点，不是一个纯粹属于科技范畴内的概念。因此，在我国职工技术创新又叫经济技术创新。

（三）职工技术创新

职工技术创新是指在企业中，职工运用自己的知识、技能和创造力，通过改进和创新现有技术、工艺和产品，提高生产效率和质量的一种活动。这种活动的目的是提高工作效益和效率，促进企业技术创新、服务提升、降低成本、增加效益以及节能减排。职工技术创新工作是促进企业高效发展的重要手段，也是职工参与创新的重要途径。

二、 开展职工技术创新活动的意义

首先，职工技术创新活动能够激发职工的创造力和积极性，提高职工的工作热情和工作效率。在技术创新活动中，职工可以充分发挥自己的才能和创造力，通过不断改进和创新，提高工作质量和效益，从而获得更多的成就感和满足感。

其次，职工技术创新活动能够推动企业的技术水平和竞争力的提升。在当今社会，科技日新月异，各行各业都面临着技术更新和变革的挑战。通过开展技术创新活动，企业可以借助职工的智慧和创意，不断引进新技术、新设备、新材料，提升企业的技术能力和核心竞争力，适应市场的需求和变化。

最后，职工技术创新活动能够培养和提升职工的综合素质。技术创新活动对职工的知识结构、思维方式和实践能力都提出了较高的要求。在技术创新活动中，职工需要积极学习和研究相关知识和技术，具备良好的团队合作能力和解决问题的能力，提高自己的综合素质和能力水平。

三、 开展职工技术创新活动应把握的原则

（1）群众性的原则。职工技术创新活动要立足基层，立足岗位，把广大员工作为技术创新活动的实践主体，着力于调动广大员工的积极性，充分发挥他们的创造性，在本职工作内多搞创新；同时，要充分发挥科技人员、技术能手和劳动模范的作用，发挥各类技术人才的优势，形成合力，不断提高创新水平。

（2）实效性的原则。职工技术创新活动的开展要紧密结合本单位、本部门的实际，紧紧抓住企业改革和发展的重点、难点和热点问题，有选择地开展企业所需、员工所需、工会可为的创新活动，做到与企业改革和发展的决策及目标相一致，不搞形式主义。

（3）效益性的原则。职工技术创新活动的开展必须为企业的发展带来具体的、实实在在的效益，对企业的发展和经济效益的提高起到推动作用，要以效益的大小作为评价职工技术创新活动是否取得成效的重要指标之一。

（4）创新性的原则。要坚持在继承中创新，在创新中发展，可在经济技术创新活动的目标、领域、内容和形式等方面进行大胆探索和拓展，创造出更多更好的、有利于职工技术创新活动开展的有效形式和方法。

（5）激励性的原则。工会组织要主动会同企业行政研究、建立和健全物质奖励和精神奖励相结合的职工技术创新激励机制。

第二节　企业工会如何引领好职工技术创新

一、企业工会引领职工技术创新的依据

首先，工会引领职工技术创新是工会法赋予工会的法定职责。《中华人民共和国工会法》第三章“工会的权利和义务”中第三十二条规定：“工会……组织职工开展群众性的合理化建议、技术革新、劳动和技能竞赛活动，进行业余文化技术学习和职工培训，参加职业教育和文化体育活动，推进职业安全健康教育和劳动保护工作。”从以上规定中可以看出，组织职工开展技术创新、技术革新，是工会法赋予工会组织的权利和义务，也是工会依法开展职工创新创效工作的法律依据。因此说，工会在组织开展职工技术创新活动中具有不可替代的作用。

工会组织最大优势是组织优势。在国有企业中，工会从上到下，都建立了完善的组织网络和各层级工会组织，做到了职工群众在哪里，

工会组织就建到哪里，这为各级工会引领职工开展创新工作提供了强大的组织推动力和组织保障力，使职工技术创新工作，在推进中做到了目标同向、行动同步、工作同力。

其次，企业工会引领职工技术创新是促进企业高质量发展和维护职工切身利益的现实需要。在社会主义市场经济不断发展，企业改革不断深化，经营机制不断创新的新形势下，开展职工技术创新活动，是进一步激发职工内在潜力，调动和发挥职工积极性的有效举措。开展这一活动符合企业发展的内在要求，有利于增强职工的创新意识、创新能力。工作实践告诉我们，企业的发展直接关系到职工的切身利益，企业效益是职工利益的源泉。企业发展好了、效益好了，那么职工的利益就有了保障。同时，职工创新在促进企业高质量发展的同时，又从源头上维护了职工自身利益。

最后，工会引领职工技术创新是新时代的要求。创新是引领发展的第一动力，创新是一个民族进步的灵魂。党的十八大提出，“科技创新是提高社会生产力和综合国力的战略支撑，必须摆在国家发展全局的核心位置”。党的十九大又把加快建设创新型国家作为现代化建设全局的战略举措来抓，赋予创新发展更高的目标要求。正如习近平总书记强调的，“坚持创新发展，就是要把创新摆在国家发展全局的核心位置，让创新贯穿国家一切工作，让创新在全社会蔚然成风”。

二、 企业职工技术创新中存在的瓶颈问题

进入新时代，在“大众创业、万众创新”的时代感召下，企业职工技术创新工作已经充分显现了强大的生命力和创造力，但在工作实践

中，也明显地感到，职工技术创新工作仍然存在着诸多的问题和不足：

一是从制度保障来看，在职工技术创新中还存在着创新制度不够完善、支持保障不足的问题。

二是从组织引领来看，在职工技术创新中还存在着组织体系不够健全、引领作用发挥不到位的问题。

三是从载体推动来看，在职工技术创新中还存在着缺乏实用、管用的工作载体和有效抓手问题。

四是从成果交流共享来看，在职工技术创新中还存在着成果交流无平台、信息不畅通以及重复创新的问题。

五是从运行机制来看，在职工技术创新中还存在着创新力量分散、创新能力不强、创新成果科技含量不高、转化渠道不畅、工作运行机制不健全的问题。

三、 企业工会领导职工开展技术创新活动的方法

企业工会是企业职工技术创新活动的领导者，也是企业职工技术创新工作的日常管理者，因此，企业工会应把职工技术创新工作作为群众经济技术工作的重要内容来抓，落实相关措施，加强对企业职工技术创新活动的领导。企业工会领导企业职工开展技术活动的方法包括以下内容：

（1）抓大事。企业工会要结合企业实际，认真贯彻执行党和国家的有关方针政策、法律法规，落实上级工会的有关指示和要求，经常研究和讨论企业职工技术创新工作中的重要问题，并协调帮助解决。

（2）抓保障。开展职工技术创新活动需要必要的物质条件。企业

工会应尽可能地增加一定的财力、物力投入，通过提供活动场所、活动经费、活动所需设备、工具以及宣传媒介等，为职工技术创新活动的开展解除后顾之忧，筑起坚强的物质保障。

（3）抓活动。企业工会应密切联系企业职工群众，积极指导职工技术创新活动的开展。在组织上，企业工会要设专人负责职工技术创新工作。在活动上，第一个方面，企业工会要利用各种宣传媒介和阵地，广泛宣传职工技术创新活动开展情况、取得的创新成果，协调好与企业行政的关系，争取行政的理解和支持，为企业职工技术创新活动开展创造良好氛围；第二个方面，要深入企业基层单位、一线班站、生产岗位调查研究，了解职工技术创新活动开展进展，解决问题，分类指导、总结经验、宣传典型；第三个方面，要关心创新骨干、创新领衔人工作中遇到的难点、堵点、痛点，替他们说话办事，帮助解决难点、堵点、痛点问题，使职工技术创新工作持续健康发展。

（4）抓创新。在市场经济条件下，不仅企业的发展变化迅速，而且科技的发展进步也是日新月异，因此，工会要围绕企业中心工作，解放思想，转变观念，开拓创新，扎实工作，不断研究新情况，探索新路子，创新组织形式、工作内容、运作方式、活动范围，让职工技术创新工作更好地适应企业的发展，推动企业技术进步、促进职工技术创新成果转化为现实生产力。

四、 企业工会如何引领职工开展技术创新

开展职工技术创新工作是企业工会的一项非常重要的工作，工会要想在职工创新中有所作为，就要定制度、建机制、搭平台、找抓手、

给载体，引领职工创新。

（一）制定职工技术创新管理制度

企业工会要从顶层设计入手，从加强职工技术创新工作，调动广大职工参与创新活动的积极性出发，根据中华全国总工会《关于进一步加强职工技术创新工作的意见》《关于广泛深入持久开展“五小”活动的指导意见》等文件精神，结合企业实际，系统谋划职工技术创新工作体系建设，制定企业的《群众性技术创新工作管理办法》，形成一个从源头“生产难题征集”、“技术创新项目立项”，到中期“技术创新研发资助”、“创新成果认定”，再到后期“创新成果转化推广”、“评审奖励”的全流程的职工技术创新工作管理制度。从制度上，为职工参与创新提供一个成体系的、完备的创新工作制度。

该管理制度应由6个单项管理办法组成，即“群众性技术创新成果管理办法”“合理化建议管理办法”“职工创新能手评选表彰管理办法”“创新型班组评选表彰管理办法”“劳模工匠创新工作室管理办法”“创新工作室联盟管理办法”，使这项制度尽可能覆盖企业职工创新工作的全部内容。在制度办法制定过程中，要把握一下几个要点：

第一个，在创新资金支持方面，企业可明确从工会经费中列支一部分经费作为“创新资助金”来支持职工创新研发，从制度上畅通创新资助金来源渠道，并对创新资助金的使用范围、使用流程、监督监管进行明确规定。

第二，在成果评审方面，应明确评审的时间、频次和奖励办法。如，可规定每两年组织一次职工技术创新成果评审，设一、二、三等奖，每项成果分别给予5000元、3000元、2000元的奖励，并颁发证书，择优推荐参加上级部门组织的职工技术创新成果评审。

第三，在成果转化方面，应明确转化流程和渠道，从制度机制上打通职工技术创新成果转化难的瓶颈问题。特别是应抓好对优秀转化职工创新成果的评审，可设一、二、三等奖，分别给予5000元、3000元、2000元奖励，并颁发证书，择优推荐参加上级部门组织的职工技术创新成果转化优秀项目评审。以此激励各层级干部职工去重视和支持创新成果转化工作。

第四个，在创新工作室建设方面，企业应健全完善本企业的《创新工作室管理办法》，对创新工作室建设、管理作出明确要求。

第五，在推进职工联合创新方面，企业可制定自身的《创新工作室联盟管理办法》，对规范指导企业职工创新联盟发展指明方向，推进职工技术创新由“独创”向“联创”发展。

通过建立完备的职工技术创新制度，为企业工会引领广大职工开展技术创新，提供制度上的支撑和保障，在企业内推动形成“党委领导、企业支持、工会牵头、部门协作、职工广泛参与”的职工技术创新工作格局。

案例

胜利油田群众性技术创新工作管理办法

1 总则

1.1 为加强群众性技术创新工作，调动广大职工参与技术创新活动的积极性，根据全国总工会《关于进一步加强职工技术创新工作的意见》《关于广泛深入持久开展“五小”活动的指导意见》和《山东省职工创新竞赛奖励项目管理暂行办法》《山东省劳模和工匠人才创新工作室管理办法》等文件精神，结合油田实际，制定本办法。

1.2　本办法适用于胜利油田及相关单位的群众性技术创新工作。

1.3　本办法所称群众性技术创新工作，主要包括群众性技术创新成果的项目立项、创新资助资金、成果转化推广和评审奖励，群众性合理化建议的征集、实施、评审奖励，创新能手、创新型班组、劳模和工匠人才创新工作室以及创新联盟的管理工作。

1.4　油田群团工作部(工会、团委)负责统筹协调油田群众性技术创新工作，各直属工会负责统筹协调本单位群众性技术创新工作，各级团青、女工组织积极参与，推动油田形成“党委领导、企业支持、工会牵头、多部门协作，职工广泛参与”的工作格局。

2　群众性技术创新成果管理

2.1　群众性技术创新成果是指广大职工立足岗位，在工艺、技术、设备、工具等方面，通过技术创新、革新，所取得的技术改进、创新发明成果(原则上不包含科研成果)，应按照“难题征集、审核立项、张榜招标、揭榜挂帅、创新攻关、资金支持、专家指导、验收评审、转化推广”九步闭环“一线生产难题揭榜挂帅”创新工作机制组织运行。

2.2　群众性技术创新成果管理包括：项目立项、创新资助资金、成果转化推广和评审奖励。

2.3　创新项目立项管理。

2.3.1　群众性技术创新项目立项，由油田各级工会协调相关业务部门进行审核论证，按照难易程度和实施范围分层级立项。

2.3.2　直属工会层面的立项，由直属工会负责，自行确定征集时间和频次。

2.3.3 油田层面的立项，由油田工会负责，对于立项的群众性技术创新项目，给予项目提出人500元至2000元奖励。

2.3.4 油田层面的立项攻关，由油田工会负责征集创新创意方案，油田工会组织专家进行评审，设“最佳创意方案”“优秀创意方案”“最佳创意达人”“创意征集方案”，分别给予4000元、2000元、1000元、500元奖励，并颁发证书。

2.3.5 符合油田科技立项条件的群众性技术创新项目，推荐参加油田科技立项。

2.4 创新资助资金管理。

2.4.1 创新资助资金是指油田及各直属工会用于支持优选的部分已立项群众性技术创新项目研发的资助费用，是对创新资金的一种补充。

2.4.2 群众性技术创新资金应按有关规定从油田及各单位科研经费、培训费、工会经费及生产成本中列支。

2.4.3 创新资助资金的使用范围。

2.4.3.1 用于群众性技术创新项目的立项研究及资料购置。

2.4.3.2 用于群众性技术创新项目研发，包括器材、原辅材料、部件的购置。

2.4.3.3 用于群众性技术创新项目的加工制作、成果鉴定与审查、知识产权申请与保护等直接成本费用支出。

2.4.3.4 用于与群众性技术创新项目直接关联的其他费用。

2.4.3.5 不得用于办公经费、发放奖金和津补贴、购买通信设备等支出。

2.4.4 创新资助资金的使用流程及要求。

2.4.4.1 下拨经费。油田及各单位工会根据各创新项目研发费用预算，经工会主席办公会研究确定创新资助资金后，向下级工会拨款。

2.4.4.2 专人负责。创新资助资金由创新项目领衔人负责使用，做到专款专用。

2.4.4.3 集体决策。创新资助资金使用要坚持创新团队集体研究、集体决策的原则，做到公开透明、规范使用。

2.4.4.4 支出报销。创新资助资金的支出报销，实行单独核算。所有支出均需经创新项目领衔人收集汇总相关报销资料，遵照《胜利石油管理局有限公司直属工会经费报销管理办法(试行)》有关规定，从下到上须有创新领衔人、创新团队2名成员、基层单位工会主席、直属工会副主席、直属工会主席逐级审核签字，原始票据与会计凭证需详细完整，按规定报销并存档。

2.4.5 创新资助资金的监督监管。

创新资助资金需严格执行有关财务会计制度、审计制度和使用范围，油田工会、各单位工会要定期对创新项目资助资金使用情况进行监督检查，确保资金使用规范合理。

2.5 创新成果转化推广管理。

2.5.1 油田及各直属单位工会资助研发的群众性技术创新项目形成定型成果后，由本级工会组织相关业务部门专家对创新成果进行可行性、实用性、必要性评估论证，做出转化推广鉴定结论，确定转化推广。

2.5.2 油田及各直属单位工会应当做好群众性技术创新成果转化工作。根据《胜利油田内部产品互供管理办法》推动群众性技术创新成果纳入油田创新成果内部转化平台进行转化。各直属单位在职工创新成果加工转化过程中，可使用胜利油田市场运行管理平台业务分类标准“设备设施检维修–其他设备维修–非标准配件定制”业务，依法合规

进行发单、选商、承包商引进等工作

2.5.3　建立群众性技术创新成果转化推广成效评价机制，依据创新成果转化应用的数量、范围和取得的经济效益、社会效益、生态效益等评价指标进行科学评价。

2.5.4　油田工会定期对群众性技术创新成果转化优秀项目进行评审奖励。参加油田群众性技术创新成果转化优秀项目评审的，需由各直属工会填写《胜利油田群众性技术创新成果转化优秀项目申报表》(见附件1)上报油田，油田工会组织专家进行评审，设一等奖、二等奖、三等奖三个等级，分别给予5000元、3000元、2000元奖励，并颁发证书，择优推荐参加上级部门组织的职工技术创新成果转化优秀项目评审。

2.6　创新成果评审奖励管理。

2.6.1　群众性技术创新成果的评审奖励由油田各级工会联合相关业务部门组织实施。

2.6.2　油田群众性优秀技术创新成果的评审奖励，由油田群团工作部(工会、团委)组织实施。每两年评审一次，与油田“为民技术创新奖”评审间隔进行。根据创新成果的先进性、实用性、价值性、推广性进行评审，评选数量根据参评成果数量和质量确定，其中青年员工和女员工研发的成果应占一定比例。每项技术创新成果主要完成人一般不超过5人，其中主创人员1人，参与人员4人。

2.6.3　评审条件：原则上从各单位群众性优秀技术创新成果中择优产生，并应具备以下条件。

2.6.3.1　具有先进性、实用性、价值性，并在本行业有一定推广性。

2.6.3.2　在创新技术、设计和改进工艺等方面取得显著成效。

2.6.3.3 对现有工艺、技术、设备、工具进行技术改造取得显著成效。

2.6.3.4 在职业安全与卫生和环境保护等方面有显著作用。

已获得油田以上级别(含油田级)科学技术奖励和油田“为民技术创新奖”成果类二等奖以上的,不参加评选。

2.6.4 评选程序。

2.6.4.1 单位推荐。各单位对职工完成的技术创新成果进行评审,按照油田确定的参评名额择优推荐,并填写《胜利油田群众性技术创新成果申报表》(见附件2),上报油田工会参评。

2.6.4.2 初审。评审委员会根据评选范围、原则和条件,对推荐成果资格进行审查,确定参加现场答辩成果。

2.6.4.3 现场答辩。通过初审的成果,由一名主要完成人进行现场答辩,评审委员会专家进行考评打分。

2.6.4.4 综合评审。评审委员会根据创新成果水平及推广应用价值,参照现场答辩名次,研究确定各奖项提名获奖成果。

2.6.4.5 评选结果。对提名获奖成果在油田群团工作部(工会、团委)网页等媒体公示5个工作日,接受职工群众监督。经公示无异议,评审委员会确定最终获奖成果。

2.6.5 表彰奖励。油田工会对群众性优秀技术创新成果奖设一等奖、二等奖、三等奖三个等级,每项成果分别给予5000元、3000元、2000元奖励,并颁发证书,择优推荐参加上级部门组织的职工技术创新成果评审。

2.6.6 各单位群众性优秀技术创新成果的评审奖励,由本单位工会组织实施。

3 群众性合理化建议管理

3.1 群众性合理化建议是指职工群众围绕改进油田生产工艺技术、节约生产成本和提高安全管理、生产管理、经营管理、质量管理、企业管理、队伍管理等工作，所提出的具有建设性、合理性、可行性、效益性的新思路、新办法、新措施、新点子。具体包括：消除安全隐患、减轻劳动强度的建议；提质创效、降本增效、挖潜增效的建议；节能减排、绿色生产、环境保护的建议；改进现有工作流程和提升管理效率的建议；改善生产经营管理的建议；增强职工队伍建设的建议；优化改进现有技术、工具、设备设施的建议；其他推进油田高质量发展的建议。

下列建议不在征集受理范围之内：公认的事实或正在改善的；已被采用过或以前已有的重复建议；无具体实施方案的建议。

3.2 群众性合理化建议的征集办理。

3.2.1 群众性合理化建议的征集办理由各级工会联合各业务部门，采取自下而上、逐级征集、归口办理、跟踪评价的方式组织进行。

3.2.2 基层班站工会小组征集到的合理化建议，由工会小组组织论证审核，属于基层班站采纳的，由基层班站组织实施；属于上级部门采纳的，由工会小组及时上报所在基层单位工会。

3.2.3 基层单位工会征集到的合理化建议，由基层单位工会联合相关业务部门组织论证审核，属于基层单位采纳的，由基层单位组织实施；属于上级部门采纳的，由基层单位工会及时上报所在直属单位工会。

3.2.4 直属单位工会征集到的合理化建议，由直属单位工会联合相关业务部门进行论证审核，属于直属单位采纳的，由直属单位组织实施；属于油田采纳的，由直属单位工会填写《胜利油田群众性合理化建议金点子申报表》(见附件3)，及时上报油田工会。

3.2.5 油田工会征集到的合理化建议，由油田工会联合相关业务部门进行论证审核，属于油田采纳的，由油田各相关业务部门组织实施。

3.2.6 对因不具备实施条件，暂不能实施的建议，从上到下由各级归口管理业务部门向建议人和所在单位归口管理业务部门解释说明，并及时向所在各级工会反馈情况并做好记录。

3.2.7 群众性合理化建议涉及技术创新内容的，由各级工会纳入本单位群众性技术创新项目立项攻关。

3.3 群众性合理化建议的评审奖励管理

3.3.1 群众性合理化建议的评审由油田各级工会联合同级相关业务部门组织实施，奖励可从各级工会经费中支出。

3.3.2 油田级群众性合理化建议的评审奖励，由油田工会联合相关业务部门组织实施，设油田群众性合理化建议成果奖和合理化建议金点子奖两个奖项。每年评审奖励一次，评选数量根据参评数量和质量确定。每项合理化建议申报人不超过3人。

3.3.3 油田级群众性合理化建议金点子的评审奖励：由油田工会组织相关业务部门，依照建议的建设性、合理性、科学性，从直属单位上报油田未实施的群众性合理化建议金点子中择优产生。对评为油田级群众性合理化建议金点子的，每条金点子给予2000元奖励。

3.3.4 油田级群众性合理化建议成果的评审奖励：由油田工会组织相关业务部门，依照建议的先进性、实用性、价值性，从被采纳实施并完成的油田级群众性合理化建议金点子中评审产生，设一、二、三等奖，每条合理化建议成果分别给予5000元、3000元、2000元奖励，并颁发证书。

3.4　直属单位及基层单位群众性合理化建议成果和金点子的评审奖励，由本单位工会联合相关业务部门组织实施。

4　职工创新能手评选表彰管理

4.1　创新能手是指在油田群众性技术创新活动中，做出突出贡献的生产一线创新型职工。

4.2　油田职工创新能手的评选表彰由油田工会组织实施，每年评选表彰一次，其中青年员工和女员工应占一定比例。由各直属单位工会填写《胜利油田职工创新能手申报表》(见附件4)，上报油田工会参评。

4.3　油田职工创新能手原则上从各单位职工创新能手中择优产生，并应具备以下条件。

4.3.1　爱岗敬业，遵纪守法，积极参加群众性技术创新和建功立业竞赛活动，贡献突出，群众公认。

4.3.2　创新业绩突出，申报前3年内至少有1项创新成果(是第一完成人)获油田及以上技术创新成果奖；或者有2项创新成果(是第一完成人)获直属单位技术创新成果奖二等奖以上；或者有2项国家专利。

4.3.3　创新成果转化应用好，申报前3年内至少有2项创新成果(是第一完成人)在油田或直属单位推广应用，并产生良好经济或社会效益、生态效益。

4.4　油田工会奖励油田职工创新能手2000元，并择优推荐参加上级部门的职工创新能手评选。

4.5　各单位职工创新能手的评审奖励，由本单位工会组织实施。

5　创新型班组评选表彰管理

5.1　创新型班组是指在油田群众性技术创新活动中，做出突出贡献的班组、班站、科室。

5.2 油田创新班组的评选表彰由油田工会组织实施，每年评选表彰一次。由各直属单位工会填写《胜利油田创新型班组申报表》(见附件5)，上报油田工会参评。

5.3 油田创新型班组原则上从各单位创新型班组中择优产生，并应具备以下条件。

5.3.1 班组建设理念先进、制度健全、管理规范，生产经营工作任务全面完成。

5.3.2 班组全员参加群众性经济技术创新和建功立业竞赛活动，创新氛围浓厚，小革新、小发明、小改造、小设计、小建议等“五小”活动开展扎实，50%以上的班组成员有基层单位及以上单位机构评审认定的创新成果或合理化建议。

5.3.3 申报前3年内至少有3项职工创新成果获基层单位及以上单位机构评审认定的技术创新成果奖或国家专利。

5.3.4 申报前3年内至少有3项职工创新成果在基层单位推广应用，并产生良好经济或社会效益、生态效益。

5.4 油田工会给予油田创新型班组创新资助资金奖励，用于班组创新，同时授予油田“工人先锋号”荣誉称号，并择优推荐参加上级部门的创新型班组评选表彰。

5.5 各单位创新型班组的评审奖励，由本单位工会组织实施。

6 劳模和工匠人才创新工作室管理

6.1 劳模和工匠人才创新工作室是指由掌握高超技能、善于创新创造、发挥领军作用的劳模和工匠人才作为领衔人，以从事生产经营管理服务的一线职工为主体，积极开展发明创造、协作攻关、革新创新和技能培训活动，并取得良好经济效益、社会效益、生态效益的职工创新团队。

6.2 劳模和工匠人才创新工作室的主要任务是：弘扬劳模精神、劳动精神、工匠精神，通过发挥一线劳模、工匠等高技能人才的业务专长和技术优势，围绕质量提升、工艺改造、技术升级、技能培训等方面的重点难点问题，发挥示范引领、集智创新、协同攻关、传承技能、培育精神等功能，开展技术培训、技术创新、业务交流、名师带徒等活动，产生更多更好创新成果，培养造就一大批知识型、技能型、创新型职工，为实施创新驱动发展战略、推动油田可持续高质量发展提供技能支撑和人才保证。

6.3 劳模和工匠人才创新工作室创建，应具备“七有”标准。

6.3.1 有创新领衔人。工作室原则上以1名在技术、业务方面有专长，具有较高技术水平、管理经验和创新能力的劳动模范、工匠人才为领衔人。

6.3.2 有创新团队。工作室应吸纳具有一定专业技术水平、创新能力和发展潜力的技能人才和专业技术人才组成创新团队，团队人数不得少于5人。

6.3.3 有计划目标。工作室有明确的年度创新目标计划，包含创新攻关目标、创新工作计划、人才培养计划等，有相应月度任务分解。

6.3.4 有管理制度。工作室有日常管理、学习交流、考核激励、成果转化等工作制度，建立日常工作台账，规范档案资料管理。

6.3.5 有场地设施。工作室有相对固定的办公场所和满足工作需要的设施设备，用于学习研讨、创新实践和成果荣誉展示，有创新工作室牌匾等规范性标志。

6.3.6　有经费保障。工作室所在单位有用于支持创新工作室开展工作的专项经费保障。

6.3.7　有工作成果。工作室每年至少完成1项直属单位级(含)以上创新革新项目(课题)；每年至少有1项创新成果得到转化应用；每年至少提出3条群众性合理化建议；每年面向基层至少解决3个生产实际问题；人才培养工作扎实有效。

6.4　油田劳模和工匠人才创新工作室原则上从各直属单位命名的职工创新工作室中择优产生，并应具有以下条件。

6.4.1　创新工作室领衔人原则上应是在技术、业务方面有专长，且具有较高技能水平、管理经验和创新能力的油田级(含)以上劳动模范或是具有高级以上职业资格等级的工匠人才。

6.4.2　申报前2年内获得过1项油田(含)级以上职工技术创新成果奖(包括全国和山东省职工优秀技术创新成果奖、全国行业性技术创新成果奖)；或者获得过1项油田以上级(含油田级)科学技术奖；或者获得过1项国家发明专利；或者获得2项(含)以上油田级技术创新成果奖；或者获得2项(含)以上国家实用新型专利。

6.4.3　相关创新成果已产生良好经济效益、社会效益、生态效益。

6.4.4　至少有1项创新成果已在油田推广应用。

6.4.5　在提高职工职业技能和革新创新能力、培养业务骨干等方面取得显著成绩。

6.4.6 各单位原有建制的专门研发机构不在命名之列。

6.5 油田劳模和工匠人才创新工作室的命名，由油田工会负责管理，每两年考核命名一次。由各直属工会填写《胜利油田劳模和工匠人才创新工作室命名申报表》(见附件6)，上报油田工会参评。

6.6 油田劳模和工匠人才创新工作室实行动态管理，每两年进行一次复审考核。根据考核得分情况，分别确定为“优秀”“良好”“整改”“摘牌”四种结果。

6.7 直属单位申报的劳模和工匠人才创新工作室达到创建标准的，命名为“胜利油田劳模和工匠人才创新工作室”，给予一次性创新资助资金5万元；对已命名工作室复审考核结果为“优秀”的，给予一次性创新资助金2万元；对已命名工作室复审考核结果为“良好”的，给予一次性创新资助金1万元。以上各项资助金由工会经费支出，工作室所在直属单位工会应按不低于1∶1的比例进行配套资助。创新资助金主要用于创新工作室的技术创新项目立项攻关、创新成果研发试验转化、技术培训、人才培养、设备购置、办公条件改善等，经费使用应符合工会经费使用规定。

6.8 胜利油田劳模和工匠人才创新工作室同时授予油田“工人先锋号”荣誉称号，并择优推荐参评上级部门劳模和工匠人才创新工作室评选。

6.9 各单位劳模和工匠人才创新工作室的命名、管理、资助，由本单位工会组织实施。

6.10 劳模和工匠人才创新工作室建设应与各级技能人才创新工作室建设统筹运行。

7　创新工作室联盟管理

7.1　创新工作室联盟是指由各区域、各行业、各专业、各单位的劳模和工匠人才创新工作室及创新领衔劳模、工匠、高技能人才和专家顾问组成的群众性创新联合团队。

7.2　油田成立劳模和工匠人才创新工作室联盟(简称油田创新联盟)，推动油田群众性技术创新活动开展。油田创新联盟在油田工会领导下开展工作。

7.3　油田创新联盟的工作职责。

7.3.1　负责制订油田创新联盟年度工作计划，组织开展创新培训、学习交流、成果展示、经验分享、专家答疑等活动。

7.3.2　指导各单位群众性技术创新活动的开展，帮助解决创新中遇到的技术难题。

7.3.3　受委托对油田群众性技术创新项目的立项，进行初审把关。

7.3.4　受委托组织协调与外单位的技术交流、创新合作、联合攻关。

7.4　各区域、各行业、各专业、各直属单位的创新联盟，由各相关单位工会组织运行。

8　附则

8.1　本办法由胜利石油管理局有限公司群团工作部(工会、团委)负责解释。

8.2　油田各直属单位及相关单位工会可根据本办法，制定本单位的群众性技术创新工作管理实施细则。

8.3　本办法自下发之日起执行。

附件 1　胜利油田群众性技术创新成果转化优秀项目申报表

<table>
<tr><td>项目名称</td><td colspan="4"></td></tr>
<tr><td>申报单位</td><td colspan="4"></td></tr>
<tr><td>项目简介</td><td colspan="4"></td></tr>
<tr><td>项目曾获奖或获国家专利情况(时间、类别、等级)</td><td colspan="4"></td></tr>
<tr><td rowspan="2">第一研发人</td><td>姓名</td><td>职业资格等级或职称</td><td colspan="2">所在单位及从事工作岗位</td></tr>
<tr><td></td><td></td><td colspan="2"></td></tr>
<tr><td rowspan="4">参与研发人(4 人以内)</td><td></td><td></td><td colspan="2"></td></tr>
<tr><td></td><td></td><td colspan="2"></td></tr>
<tr><td></td><td></td><td colspan="2"></td></tr>
<tr><td></td><td></td><td colspan="2"></td></tr>
<tr><td>转化推广时间段</td><td colspan="4">年　　月　　日　　至　　　年　　月　　日</td></tr>
<tr><td rowspan="3">转化推广应用的成效</td><td colspan="2">转化应用的现场地点(如应用的井号、泵站、设备)</td><td>转化数量</td><td>转化应用现场职工签字证明</td></tr>
<tr><td colspan="2"></td><td></td><td></td></tr>
<tr><td colspan="2"></td><td></td><td></td></tr>
<tr><td>转化应用取得的经济效益和社会效益</td><td colspan="4"></td></tr>
<tr><td>直属单位工会推荐申报意见</td><td colspan="4">工会主席(签字):
年　　月　　日</td></tr>
<tr><td>油田评审意见</td><td colspan="4">评审主委(签字):
年　　月　　日</td></tr>
</table>

附件 2　胜利油田群众性技术创新成果申报表

<table>
<tr><td>项目名称</td><td colspan="3"></td></tr>
<tr><td>申报单位</td><td colspan="3"></td></tr>
<tr><td>项目简介</td><td colspan="3"></td></tr>
<tr><td>项目曾获奖或获国家专利情况(时间、类别、等级)</td><td colspan="3"></td></tr>
<tr><td rowspan="2">第一研发人</td><td>姓名</td><td>职业资格等级或职称</td><td>所在单位及从事工作岗位</td></tr>
<tr><td></td><td></td><td></td></tr>
<tr><td rowspan="4">参与研发人(4 人以内)</td><td></td><td></td><td></td></tr>
<tr><td></td><td></td><td></td></tr>
<tr><td></td><td></td><td></td></tr>
<tr><td></td><td></td><td></td></tr>
<tr><td>成果实施后取得的经济效益和社会效益</td><td colspan="3"></td></tr>
<tr><td>直属单位工会推荐申报意见</td><td colspan="3">工会主席(签字):
年　　月　　日</td></tr>
<tr><td>油田评审意见</td><td colspan="3">评审主委(签字):
年　　月　　日</td></tr>
</table>

附件 3　胜利油田群众性合理化建议金点子申报表

<table>
<tr><td>申报单位</td><td colspan="3"></td></tr>
<tr><td>建议名称</td><td colspan="3"></td></tr>
<tr><td>建议简介</td><td colspan="3"></td></tr>
<tr><td rowspan="4">建议主要完成人
(3 人以内)</td><td>姓名</td><td>职业资格等级或职称</td><td>所在单位及从事工作岗位</td></tr>
<tr><td></td><td></td><td></td></tr>
<tr><td></td><td></td><td></td></tr>
<tr><td></td><td></td><td></td></tr>
<tr><td>建议未实施的原因</td><td colspan="3"></td></tr>
<tr><td>建议的建设性
价值评估</td><td colspan="3"></td></tr>
<tr><td>直属单位工会推荐
申报意见</td><td colspan="3">工会主席(签字):
年　　月　　日</td></tr>
<tr><td>油田评审意见</td><td colspan="3">评审主委(签字):
年　　月　　日</td></tr>
</table>

附件 4　胜利油田职工创新能手申报表

<table>
<tr><td>申报单位</td><td></td><td>申报日期</td><td>年　月　日</td></tr>
<tr><td>候选人姓名</td><td></td><td>所在创新工作室名称</td><td></td></tr>
<tr><td>年龄</td><td></td><td>学历</td><td></td></tr>
<tr><td>所在单位及工作岗位</td><td></td><td>技能等级</td><td></td></tr>
<tr><td>曾获市级以上主要荣誉</td><td></td><td></td><td></td></tr>
<tr><td rowspan="6">创新业绩</td><td>近 3 年获直属单位创新成果奖二等奖以上创新成果名称</td><td>何年何月获何级别奖项（专利）（直属单位、油田及以上）</td><td>推广应用时间和范围及年度效益</td></tr>
<tr><td></td><td></td><td></td></tr>
<tr><td></td><td></td><td></td></tr>
<tr><td></td><td></td><td></td></tr>
<tr><td></td><td></td><td></td></tr>
<tr><td></td><td></td><td></td></tr>
<tr><td>主要事迹（500 字以内）</td><td colspan="3"></td></tr>
<tr><td colspan="2">直属单位工会推荐申报意见

工会主席（签字并盖章）：
年　月　日</td><td colspan="2">油田工会审批意见

（签字并盖章）
年　月　日</td></tr>
</table>

附件5 胜利油田创新型班组申报表

<table>
<tr><td>申报单位</td><td></td><td>填表日期</td><td>年 月 日</td></tr>
<tr><td>班组名称</td><td></td><td>班组人数</td><td></td></tr>
<tr><td>班组创新领衔人</td><td></td><td>班组平均年龄</td><td></td></tr>
<tr><td>班组所从事的岗位工作简介</td><td colspan="3"></td></tr>
<tr><td>近三年以来，班组技术创新（革新）事迹简介及取得的主要创新成果业绩（500字以内）</td><td colspan="3"></td></tr>
<tr><td>创新成果获得国家专利情况</td><td colspan="3"></td></tr>
<tr><td>创新成果获得基层单位以上奖励情况</td><td colspan="3"></td></tr>
<tr><td colspan="2">直属单位工会推荐申报意见

工会主席（签字并盖章）：
年 月 日</td><td colspan="2">油田工会评审意见

（签字并盖章）
年 月 日</td></tr>
</table>

附件 6　胜利油田劳模和工匠人才创新工作室命名申报表

<table>
<tr><td>工作室名称</td><td colspan="7"></td></tr>
<tr><td>推荐单位</td><td colspan="7"></td></tr>
<tr><td>填报日期</td><td colspan="7">年　　月　　日</td></tr>
<tr><td>填写说明</td><td colspan="7">1. 专业领域可根据主攻方向选填“采油”“集输”“作业”“油藏动态监测”“注汽”“地面工程维修”“电力”“供水”“炼油”“物业”“应急救援”。
2. 工作室经费投入指全年工作室建设经费及创新项目支持经费。经费来源可选填“工会经费”“科研经费”“行政经费”或其他来源。
3. 工作室创新成果情况以近两年所获成果为主。完成创新课题、提出的被采纳合理化建议、解决一线生产实际问题等情况需得到直属单位有关部门认定。
4. 工作室人才培养情况以近两年培养人才情况为准。
5. 工作室规范管理情况可简要列明以下内容：
（1）工作室场所建设地点、面积大小、功能区域。
（2）工作室制度明细。
6. 直属单位审核推荐意见处需加盖直属单位工会公章</td></tr>
<tr><td>工作室名称</td><td colspan="5"></td><td>创建日期</td><td></td></tr>
<tr><td>所在单位</td><td colspan="5"></td><td>专业领域</td><td></td></tr>
<tr><td colspan="8">工作室领衔人情况</td></tr>
<tr><td>姓名</td><td colspan="2"></td><td>性别</td><td colspan="2"></td><td>出生年月</td><td></td></tr>
<tr><td>第一学历</td><td colspan="2"></td><td>第二学历</td><td colspan="2"></td><td>民族</td><td></td></tr>
<tr><td>政治面貌</td><td colspan="2"></td><td>专业/工种</td><td colspan="2"></td><td>技术职务</td><td></td></tr>
<tr><td>工作岗位</td><td colspan="2"></td><td>联系电话</td><td colspan="2"></td><td></td><td></td></tr>
<tr><td colspan="3">荣誉称号及获奖年份
（或技术职务及获得年份）</td><td colspan="5"></td></tr>
<tr><td colspan="8">工作室骨干成员情况（可附表）</td></tr>
<tr><td>姓名</td><td>性别</td><td>出生年月</td><td>第一学历</td><td>第二学历</td><td>政治面貌</td><td>技术职务</td><td>所在单位</td></tr>
<tr><td></td><td></td><td></td><td></td><td></td><td></td><td></td><td></td></tr>
<tr><td></td><td></td><td></td><td></td><td></td><td></td><td></td><td></td></tr>
<tr><td></td><td></td><td></td><td></td><td></td><td></td><td></td><td></td></tr>
<tr><td></td><td></td><td></td><td></td><td></td><td></td><td></td><td></td></tr>
<tr><td></td><td></td><td></td><td></td><td></td><td></td><td></td><td></td></tr>
</table>

续表

<table>
<tr><td colspan="4">工作室经费支持情况(可附表)</td></tr>
<tr><td>项目</td><td>近两年支持研发、转化的创新成果名称</td><td>支持金额(万元)</td><td>经费来源(行政经费、科研经费、工会经费)</td></tr>
<tr><td rowspan="3">支持创新课题研发</td><td>1.</td><td></td><td></td></tr>
<tr><td>2.</td><td></td><td></td></tr>
<tr><td>3.</td><td></td><td></td></tr>
<tr><td rowspan="3">支持成果转化</td><td>1.</td><td></td><td></td></tr>
<tr><td>2.</td><td></td><td></td></tr>
<tr><td>3.</td><td></td><td></td></tr>
</table>

<table>
<tr><td colspan="5">工作室创新成果情况(可附表)</td></tr>
<tr><td rowspan="5">创新成果情况(需另附相关证明复印件)</td><td>获奖等级</td><td>创新成果名称</td><td>该成果转化数量(个)</td><td>该成果创造直接经济效益(万元)</td></tr>
<tr><td>国家级(个)</td><td>1.
2.</td><td></td><td></td></tr>
<tr><td>省部级或中国石化集团公司级(含全国行业性)(个)</td><td>1.
2.</td><td></td><td></td></tr>
<tr><td>油田级(个)</td><td>1.
2.</td><td></td><td></td></tr>
<tr><td>油田直属单位级(个)</td><td>1.
2.</td><td></td><td></td></tr>
</table>

续表

<table>
<tr><td colspan="4">工作室作用发挥（可附表）</td></tr>
<tr><td rowspan="4">解决生产实际问题情况（需另附相关证明复印件）</td><td colspan="2">解决生产实际问题名称</td><td>解决后取得成效</td></tr>
<tr><td colspan="2">1.</td><td></td></tr>
<tr><td colspan="2">2.</td><td></td></tr>
<tr><td colspan="2">3.</td><td></td></tr>
<tr><td rowspan="4">提合理化建议情况（需另附相关证明复印件）</td><td colspan="2">被采纳合理化建议名称</td><td>实施后取得成效</td></tr>
<tr><td colspan="2">1.</td><td></td></tr>
<tr><td colspan="2">2.</td><td></td></tr>
<tr><td colspan="2">3.</td><td></td></tr>
<tr><td rowspan="7">人才培养情况（需列表详细说明人员名单、何时晋升为何种等级、何时获何种荣誉称号等）</td><td>培养措施</td><td>成效简介</td><td>人次</td></tr>
<tr><td>举办专业技能培训名称及次数</td><td></td><td></td></tr>
<tr><td>初中高级工技能晋升人数</td><td></td><td></td></tr>
<tr><td>培养技师</td><td></td><td></td></tr>
<tr><td>培养高级技师</td><td></td><td></td></tr>
<tr><td>参加油田直属单位级（含）以上职业技能竞赛获奖情况</td><td></td><td></td></tr>
<tr><td>培养油田（含）级以上技术能手</td><td></td><td></td></tr>
</table>

续表

<table>
<tr><td colspan="2">工作室规范管理情况
（工作室制度建设、工作室场所建设等情况）</td></tr>
<tr><td rowspan="4">工作室管理制度</td><td>制度名称</td></tr>
<tr><td>1.</td></tr>
<tr><td>2.</td></tr>
<tr><td>3.</td></tr>
<tr><td>工作室场所建设（如面积大小、功能区域等）</td><td></td></tr>
<tr><td colspan="2">工作室简要
（800 字以内）</td></tr>
<tr><td colspan="2">一、日常运行情况

二、作用发挥情况

三、取得工作成效</td></tr>
<tr><td>直属单位工会审核推荐意见</td><td>（盖章）
年 月 日</td></tr>
<tr><td>油田工会审批意见</td><td>（盖章）
年 月 日</td></tr>
</table>

（二）建设职工创新实践基地

在推进职工技术创新工作中，职工创新的基地不可或缺。建设好职工创新基地，为企业引领职工技术创新提供有力的平台支撑。职工创新基地应承担六个方面的功能。

（1）创新研发的功能。把创新实践基地打造成“职工创新成果研发的孵化器”“成果转化的试验基地”。

（2）成果展示交流的功能。把创新实践基地建成职工“创新成果展示的流动站”。通过不定期举办各专业、各系统的职工创新成果展，让创新实践基地动起来、活起来。

（3）指导创新的功能。把创新实践基地建设成为指导职工技术创新的“作战室”“参谋部”。通过视频会议形式，与分布在各地的职工创新工作室远程视频连线，开展远程创新研讨、创新难题会诊，指导基层的创新工作开展。

（4）技术帮扶的功能。让创新实践基地成为解决一线生产难题的“技术帮扶队”。

（5）职工培训的功能。让创新实践基地成为“职工创新之家”、成为油田创新人才和技能人才培养的“高地”。

（6）对外交流的功能。让基地成为对外交流宣传，展示职工创新工作的“窗口”和“阵地”。

（三）组建职工创新联盟

为什么要建立职工创新联盟呢？重点是解决职工创新中存在“单打独斗”的问题，将职工创新由“独创”向“联创”发展。

在创新联盟建设上，要用发散性思维去考虑和谋划创新联盟的多种形式。比如：企业下属基层单位之间联手，可以成立企业内部的职工创新工作联盟；可以是企业内几个创新工作室之间联合，成立的小型“创新工作室联盟”；可以是企业内几个不同专业、不同单位的创新个人之间携手，组成“创新课题联盟”；可以是企业与企业之间联合，组成的企企联合创新联盟；还可以是企业与科研院所和高校之间，组成的“院校企创新联盟”；还可以针对企业生产区域跨度大、战线长、分布零散的现实状况，依托比较集中的生产区域，组建“区域性职工创新联盟”。另外，还可以依托企业内各行业比较多的实际情况，以行业为组织单元，组建“行业性职工创新联盟”。因此，组建职工创新联盟要采取哪种方式？可由企业结合工作需要，灵活掌握。

那么，如何组建职工创新联盟呢？应抓好以下几个方面的工作：

(1) 成立创新联盟领导组织机构。企业应成立以工会主席为创新联盟会长，副主席、创新领衔人为副会长，企业下属单位工会主席、创新工作室领衔人、创新骨干为成员的“职工创新联盟理事会”。定期召开工作例会，指导创新工作开展、协调解决创新工作中遇到的问题，推动职工创新活动向深层开展。

(2) 明确创新联盟的宗旨。组建职工创新联盟的出发点是在企业内搭建全员学习交流、联合攻关、成果共享、合作共赢、人才培育的创新体系，重点发挥联盟的集聚效应、辐射效应、品牌效应，实现“互联互通互动、共建共创共享”，推动企业职工技术创新由“独创”向“联创”发展，为企业全员创新加油助力。

（3）明确创新联盟的使命。以联盟为依托，发挥企业各区域、各行业、各专业、各基层单位职工创新工作室及创新领衔人的引领作用，推动职工技术创新、职工技能素质提升，解决企业内职工创新中存在的“信息孤岛”问题，凝聚各方创新力量把联盟打造成职工的“创新之家”，推动职工创新更好地服务企业发展。

（4）制定创新联盟的职责。归纳起来应有十项职责，即负责引领统筹、课题立项、研发指导、联合攻关、交流研讨、成果验收、转化推广、人才培养、品牌塑造、对外交流等职责。

① 引领统筹。主要是负责研究制定企业创新联盟章程、工作计划、职责分工等规章制度，引领统筹区域内、行业内、系统内的岗位练兵、技术比赛、岗位创新等群众性技术创新活动开展。

② 课题立项。主要是发挥企业职工创新联盟技术优势，对下属的区域性、行业性职工创新联盟内的创新课题立项，组织劳模工匠、技能大师、专家进行论证评价把关，给出是否立项的审核建议。

③ 研发指导。主要是从支持创新课题研发出发，由企业职工创新联盟、各区域性、行业性职工创新联盟指定一名专家为技术创新指导导师，负责对创新课题进行技术指导，及时破解创新中遇到的难题，推动创新课题按计划推进。

④ 联合攻关。主要是围绕企业内的重点生产难题，开展联合创新，集中优势力量进行创新攻关，加快重点生产难题的解决。

⑤ 交流研讨。主要是以创新联盟工作例会、创新研讨会、创新论坛、创新成果研发进度会等方式，交流共享、相互学习、共同提高。

⑥ 成果验收。主要是发挥企业职工创新联盟和区域性、行业性创

新联盟的组织协调力，统一评审标准，统一组织验收评审，提升创新成果评审质量，为企业各直属单位成果评审减负。

⑦ 转化推广。主要是发挥企业职工创新联盟和区域性、行业性创新联盟组织推动力，协调企业各直属单位推动本区域、本行业内创新成果的转化推广，让成熟的创新成果尽快转化为生产力。

⑧ 人才培养。主要是充分利用创新联盟内部资源，承接各级工会、人力资源、科技及生产业务部门安排的技术培训、技能训练、技术比赛、培训课件教材编制、网上答疑等工作任务，提升全员技能水平和创新能力。

⑨ 品牌塑造。主要是加强创新工作室建设，发挥创新联盟引领力、凝聚力，提升联盟影响力、知名度，叫响职工创新联盟品牌。

⑩ 对外交流。主要是承担组织协调与内外部创新联盟、创新团队的创新交流、技术合作、联合攻关等职责。

(5) 加大对联盟经费的支持。企业应对创新联盟的经费来源、经费使用支出做出明确规定，即每年给予创新联盟一定数额的工作经费，用于支持联盟日常工作运行。

(6) 制定创新联盟日常运行机制。企业应建立符合自身实际的《职工创新联盟章程》，确保联盟规范运行。

(四) 搭建职工创新成果网上查询平台

面对职工创新中存在的信息不畅、重复创新问题，企业应引入“互联网+”理念，积极搭建“职工创新成果网上查询平台”，将企业内的职工创新成果录入平台，实现创新成果共享，解决工作中存在的成果信息不共享、查询难的实际问题。

通过建立职工创新成果网上查询平台，为职工展示创新成果、共享成果、查询成果、相互学习提供便捷通道，解决过去创新信息不畅、成果不共享、重复创新的问题。比如在避免重复创新方面，各单位利用这个查询平台，在创新课题立项过程中，针对这个难题及时登录平台，查询一下有没有已经研发成功的成果。如果有，就不再进行重复研发，有效解决困扰基层重复创新研发的问题，以节省大量的人力、物力和财力。

（五）选好开展职工技术创新活动的载体

企业在推进职工技术创新工作中，创新工作载体非常重要，它直接决定着企业职工创新活动能否扎实开展，能否真正落实落地。应该说，习近平总书记提出的“揭榜挂帅”，就是我们企业组织职工技术创新一个很好的活动载体。如何用好“揭榜挂帅”这一载体呢？工作实践中，笔者认为，应从九个步骤入手，来推动“揭榜挂帅”这一创新活动载体在企业里的开展。

第一步，难题征集，找准创新的正确方向。

首先，向一线生产难题聚焦，制定好征集难题方案。引领职工技术创新工作向“一线生产难题”聚焦，发动广大职工人人提难题，人人都是难题征集人。同时，应配套出台对“一线生产难题”首提人的奖励机制，对提出难题的人员给予奖励，以此激发广大干部职工提难题的积极性、主动性。

其次，要做好宣传发动，发动全员征集难题。利用企业微信公众号、职工 e 家等线上宣传平台，将难题征集通知宣贯到一线职工、各级机关业务部室，采取“一线职工出题、业务部门点题、企业管理层命题”的方式，全方位、立体式征集难题，发挥一线职工距离生产难题最近的优势，让他们出题；发挥企业机关业务部门熟悉本部门、本系统、本行业业务的优势，让他们点题；发挥企业管理层站位高、业务精、工作面宽、信息量大、问题掌握全的优势，让他们命题。

第二步，审核立项，让难题攻关更精准。

企业各级工会对征集到的一线生产难题，自下而上，应组织专家根据生产难题的全局性、普遍性、行业性、系统性、必要性、重要性、可行性、价值性等评判标准，分层进行立项审核把关。

第一层，企业下属最基层单位，由基层工会牵头组织相关业务部门对职工征集上报的生产难题，进行论证审核，能够在基层解决的难题，由基层单位组织职工创新解决；属于上级解决的难题，报上级单位工会立项解决。

第二层，企业下属一级单位，由单位所在工会牵头组织专家对基层单位和机关业务部门征集上报的生产难题，进行论证审核，所属单位能够解决的难题，由所属单位立项；属于企业层面解决的难题，报企业立项。

第三层，企业层面，由企业工会组织专家对企业下属一级单位和企业机关业务部门征集上报的生产难题，进行论证审核，属于企业下属一级单位解决的难题，由所属单位立项；属于企业层面解决的难题，由企业立项。

第三步，张榜招标，征集破解难题的创新创意方案。

企业应引入竞标机制，将立项的企业生产难题，通过企业微信公众号、工友微信平台、职工 e 家网上平台，在企业内张榜招标，征集破解难题的创新创意方案。在征集的过程中，企业可采取以下三种方式：

第一种方式，由企业基层单位工会组织创新团队进行有组织的竞标，提出创意方案；

第二种方式，由企业职工个人独自竞标，提出创意方案；

第三种方式，企业各单位可借助外力，引入有创新能力的社会企业进行联合竞标，提出创意方案。

第四步，揭榜挂帅，选拔难题攻关的“挂帅人”。

企业应按照习近平总书记提出的“英雄不论出处，谁有本事谁就揭榜”的原则，召开一线生产难题揭榜挂帅大会，搭建“赛马”平台，寻找破解难题的“最佳方案”，选拔难题攻关的“挂帅人”。在揭榜挂帅大会上由揭榜人登台，按照创新思路、研发方案、研发费用、经济和社会效益预测等内容，进行创意方案汇报，由专家评委从方案的创新性、可行性、安全性、性价比、投入产出比等方面，进行评审打分，最终评选出难题攻关的“挂帅人”。这样通过揭榜挂帅大会，一方面为难题揭榜人提供一个展示创新想法的平台；另一个方面，又为广大职工搭建一个相互交流学习的平台，推动全员创新在企业内真正落地。

第五步，资金支持，打通创新资金不足的“最先一公里”。

在企业职工技术创新的过程中，创新项目能否落地，资金保障是关键，它是制约职工创新工作能否落地的“最先一公里”。因此，企业工会可每年从工会经费中拿出一部分工会经费，用于支持职工揭榜攻关。另外，企业各下属单位也可从成本、科研等经费中筹集资金，用于支持揭榜攻关。同时，要加强对创新资金的监管，应配套出台企业的《“一线生产难题揭榜挂帅”创新资助金使用管理办法》，对创新资助金的使用范围、使用流程、监督监管，做出明确规定，既赋予创新领衔人对创新资金的使用权，又为他们合规使用，作出规范要求，让每一位揭榜挂帅领衔人签订《“一线生产难题揭榜挂帅”创新资助金规范使用承诺书》，做好对创新资助金的监管。

第六步，专家指导，聘请创新导师给予技术上的帮扶指导。

专业技术是破解难题的“金钥匙”。企业应从强化技术支撑出发，在企业内聘请专家担任“一线生产难题揭榜挂帅”团队的创新导师，进行创新指导，及时解决创新中遇到的技术问题，推动难题攻关高效开展。

第七步，创新攻关，凝聚揭榜团队的力量开展难题攻关。

企业工会组织要发挥组织协调作用，及时将难题攻关的“挂帅人”、难题首提人、揭榜落榜人、优秀创意方案人加入到“一线生产难题揭榜挂帅”团队中来，聚合在一起，实行联合创新，放大创新的合力，加快攻关创新。

第八步，验收评审，组织专家对攻关完成的创新成果进行验收评比。

应该说，验收评审是“一线生产难题揭榜挂帅”创新工作机制链条上重要的一环。当创新课题攻关完成时，企业工会应及时组织专家，召开“一线生产难题揭榜挂帅”创新课题验收评审会，由揭榜挂帅人，汇报难题研发情况和取得的成果，评审专家应从成果的先进性、实用性、安全性、性价比、转化难易度5个维度出发，进行客观、公正的评审，评出创新成果一、二、三等奖，并给予一定的资金奖励，激发广大职工参与揭榜挂帅的积极性、主动性。

第九步，转化推广，及时将创新成果转化为现实生产力。

作为企业，应始终把“创新成果的最大价值是转化为生产力”作为推进职工创新创效活动的最终落脚点。如何抓好职工创新成果的转化，是职工技术创新工作的“最后一公里”，需要多方合力推进。一方面，创新成果必须要好，值得转；另一方面，创新成果转化的渠道要畅通，能够转；第三个方面，创新成果转化资金要有保障，支持转。因此，企业在推进职工创新成果转化中，应分三步走：

一是优选转化成果。组织专家对企业“一线生产难题揭榜挂帅”中，取得的优秀创新成果进行优选，选出推广价值高、实用技术强、基层有需求的优秀揭榜挂帅创新成果进行转化，通过召开“一线生产难揭榜挂帅”优秀创新成果转化推介会，向企业各单位推介转化，由下属单位签订《职工优秀创新成果转化意向协议书》，确认转化。

二是搭建成果转化平台。这是企业在推进职工创新成果转化过程中，很有效的工作方法。通过搭建成果转化平台，强化对成果的宣传、推介，让更多的人知道创新成果的价值所在，加快成果转化。

三是给予转化资金支持。企业工会应积极争取企业行政方的支持，从企业成本中列支专项至今用于支持职工创新成果转化。

工作实践告诉我们：只要职工创新成果好、能切实解决生产实际问题、受基层职工欢迎，就会在转化中得到企业领导的重视和支持。

因此，各企业在开展“一线生产难题揭榜挂帅”活动时，应始终坚持既让职工出题，又要让企业机关关业务部门点题、还要让企业各级领导命题的方式征集难题，只有这样：职工技术创新攻关研发的创新成果，才有针对性、才有价值、才能够得到转化。归纳“揭榜挂帅”的核心要义有五点，即“揭榜挂帅”成功的源头在“难题”，基础在“招标”，核心在“机制”，关键在“挂帅”，本源在“揭榜”。

总之，要想搞好企业的职工技术创新工作，应牢牢把握以下四个关键点：

第一，思想认识到位是做好职工技术创新工作的根本。思想是行动的先导，认识是行动的动力。只有思想上对职工技术创新工作的重要意义认识到位，工作上才能抓到位。

第二，建立机制是做好职工技术创新工作的核心。工作实践反复证明，抓工作落实，必须要有一套实用、管用的机制。因此，在推进职工技术创新工作中，企业要有一套完善的创新工作机制作保障，才能确保创新工作顺利开展。

第三，资金支撑是做好职工技术创新工作的保障。资金是推动职工创新攻关的重要财力支撑，没有资金支撑的创新，就是无米之炊的创新。因此，在推进职工创新工作中，经费保障至关重要，它决定着创新工作能否常态化的运行。

第四，狠抓落实是做好职工技术创新工作的关键。一分部署，九分落实。只有下定决心，久久为功，一环扣一环，一步一个脚印的抓下去，职工技术创新工作才能做实、才能落地，才能见到真真切切的成效。

案例

创新开展"一线生产难题揭榜挂帅"活动激发全员创新创效活力

胜利油田工会

技术是国之利器，人才是兴国之本。近年来，习近平总书记多次强调，"可以探索搞揭榜挂帅，把需要的关键核心技术项目张出榜来，英雄不论出处，谁有本事谁就揭榜"。2020年，胜利油田坚持以习近平新时代中国特色社会主义思想为指导，积极推进产业工人队伍建设改革工作，瞄准制约一线生产中"卡脖子"难题，在全油田组织开展"一线生产难题揭榜挂帅"活动，引领全员岗位创新创效，助力油田创新驱动发展。

一、坚持问题导向，全方位全员征集，让难题变课题

问题是创新的起点，更是创新的动力源。油田强化问题意识，将"一线生产难题"作为全员创新创效工作重点来抓，助力创新发展。

一是面向生产一线，精心制订征集方案。作为牵头部门，油田工会聚焦一线生产，制定下发了《关于开展"一线生产难题"征集攻关的通知》，全面启动难题征集工作。配套出台一线生产难题首提人奖励机制，对首提人员给予一个难题500元奖励，激发广大干部职工多提难题。

二是深入宣传发动，全员参与征集难题。为提高难题征集的知晓率、参与率、覆盖面，油田依托工会信息网、胜利工友微信公众号平

台等多种方式和渠道，广泛宣传到班站、到岗位、到职工，还将征集的触角向二级和局级两级机关业务部门延伸，采取“一线职工出题、基层业务部门点题、油田业务部门命题”的征集方式，全方位立体式征集难题。一个多月的时间内，油田各级工会共征集到“一线生产难题”868个。

三是层层审核把关，逐级确定难题立项。为确保难题征集的质量，油田各直属单位依据生产难题的全局性、普遍性、行业性、系统性等评判标准，组织专家对基层上报的868个一线生产难题进行初审，遴选出92个难题为油田级难题，其他776个难题为二级难题。同时，组织专家对上报的92个油田级难题进行初审，最终将47个难题列为油田级课题立项。

二、搭建“赛马”平台，张榜招标揭榜挂帅，让创意变方案

如何解决立项课题，助力油田创新发展，是推进“一线生产难题揭榜挂帅”活动的出发点和落脚点。油田坚持“英雄不论出处，谁有本事谁就揭榜”的工作思路，引入竞争机制，搭建“赛马”平台，面向全员征集解决难题的创意方案、寻找破解难题的“高手”，选拔攻关的“挂帅人”。

一是张榜招标，征集创意方案。创意是创新的开始，也是创新的源泉。油田从破除体制障碍，拆掉资质门槛入手，引入竞争机制，将47个油田级生产难题，公开在油田工会信息网和胜利工友微信公众号平台上张榜发布“求贤令”，面向全油田职工征集创意方案。“求贤令”的下发，一石激起千层浪。历时一个月，张榜的47个油田级生产难题就征集到114个创新团队、500多名职工提出的132个创意方案，平均每个难题创意方案达2.8个，最多的一个难题征集到了11个创意方案，

形成了百舸争流千帆竞、千人揭榜提创意的生动局面。

二是召开揭榜挂帅大会，寻找破解难题“高手”。难题能否及时被破解，关键是要找到解题的“高手”。油田积极搭建“赛马”平台，召开“一线生产难题揭榜挂帅”大会，公开打擂，让每一个创新团队亮出自己的创意方案，比一比，看谁的方案更好、谁的思路更优、谁的办法更巧。揭榜打擂的人群中既有劳模工匠、技能大师等闪亮“明星”，也有在油田做出突出贡献的科技英才，还有脚踏实地、矢志攻关的基层职工。在大会现场，揭榜人用6分钟时间发布解决难题的创意方案，专家评委现场提问、点评指导、打分考评、综合评议。最终发榜的47个难题中有35个难题被成功揭榜，114个创新团队发布的132个创意方案中有38个方案被选为“最佳创意方案”，38个创新团队被确定为揭榜挂帅团队。邀请全国劳模、中华技能大奖获得者、中国高技能人才楷模代旭升、陈景世、吕幸端、唐守忠等创新“大咖”现场颁奖，使揭榜人及其创新团队感受到了组织的高度重视，得到了极大的精神鼓舞。揭榜挂帅大会的举办，一方面为广大职工提供了一个展示自我创新想法的平台，另一方面为广大职工搭建了一个相互交流学习的平台，成为油田推动全员创新的一个有效之举。

三是以难题为依托组成课题创新联盟，抱团创新。众人拾柴火焰高。油田上下解放思想，从聚智创新破解难题着眼，铺路子、架桥梁，吸收难题首提人、有意愿参与创新的落榜团队成员加入38个创新团队，组成以单个生产难题为核心的38个难题创新联盟，先后有15名难题首提人、32名落榜团队成员加入难题创新联盟中来，发挥了团队创新合力。

三、强化支撑保障，推进难题攻关，让项目变成果

难题攻关能否落地，关键是要有支撑保障。油田加大对难题攻关的支撑保障力度，全力推进揭榜挂帅工作落地。

一是强化资金扶持，打通创新资金不足的“最先一公里”。资金是支撑难题攻关的最先保障。油田着力强化资金扶持，专门从工会经费中拿出200万元用于支持38个揭榜创新团队攻关，切实打通创新资金不足的“最先一公里”，保障挂帅项目的有序推进。

二是强化技术支撑，解决难题攻关缺乏创新导师的“瓶颈”。专业技术是破解难题的“金钥匙”。油田从推动生产难题尽快得到解决角度出发，从引进创新导师着手，在全油田范围内聘请王玉江、谢文献、杜正旺等17名油田知名专家作为38个揭榜挂帅难题的技术“外援”，为创新团队、难题攻关提供有力的技术指导，提供技术上的支撑保障，使难题攻关取得了事半功倍的效果。

三是强化机制保障，推动揭榜挂帅工作常态化运行。机制是确保“一线生产难题揭榜挂帅”工作有序推进的关键。油田从确保创新项目有序推进入手，建立“创新项目进度、资助金使用跟踪管理机制”，对项目攻关进度及时掌控，对攻关中遇到的难点问题，及时组织创新导师、油田行业专家进行诊断指导，助力难题攻关解决；制定出台《胜利油田群众性技术创新工作管理办法》，对“一线生产难题”立项、资助、转化推广和评审奖励等环节进行规范，统筹成立油田劳模工匠创新工作室联盟指导创新，使全员创新由“独创”向“联创”迈进。目前，揭榜挂帅的35个难题已全部进入研发阶段，有80%的揭榜挂帅难题取得了阶段性成果。

第三节 职工创新工作室创建

一、 职工创新工作室的概念

职工创新工作室(包含劳模和工匠人才创新工作室、技能人才创新工作室)是由较强技术能力、业务能力、创新能力和管理能力的劳模、工匠、技能人才领衔，以技术创新、管理创新、服务创新和制度创新为主要内容，以解决工作现场难题、推动所在单位创新发展为目标的群众性创新活动团体。

二、 职工创新工作室创建工作的重要意义

开展职工创新工作室创建工作，是深入贯彻习近平总书记关于劳模工作重要讲话精神和大力弘扬工匠精神的重要指示，落实《新时期产业工人队伍建设改革方案》的有关要求，激励广大劳模、工匠、技能人才发挥示范带头作用，引领职工群众积极投身大众创业、万众创新的活动；它有利于传承劳模精神、劳动精神、工匠精神，展示劳模、工匠、技能人才的时代风采，增强劳模和工匠人才的感召力，让广大职工学有榜样、赶有目标；有利于发挥劳模、工匠、技能人才的示范引领作用，更好地传播劳动技能、创新方法、管理经验，培养造就更多“大国工匠”；有利于提升职工技能素质，为职工学习交流、攻坚克难构筑平台，夯实大众创业、万众创新群众基础；有利于提高职工创新

能力，促进优秀创新成果转化应用，增强企业自主创新能力和核心竞争力，实施创新驱动发展战略。

三、 职工创新工作室创建工作的总体要求和目标任务

（1）总体要求。深入贯彻习近平新时代中国特色社会主义思想，紧紧围绕实施创新驱动发展战略，大力弘扬劳模精神、劳动精神、工匠精神，以提高广大职工的职业道德、创新能力和技术技能素质为核心，以发现和解决工作现场的急、难、险、重问题为重点，广泛开展技术创新、管理创新、服务创新、制度创新，不断提高创建质量和运行实效，最大限度实现创新工作室示范引领、集智创新、协同攻关、传承技能、培育精神等功能，团结和动员广大职工积极投身群众性创新实践，加快形成人人敢创新、人人会创新、人人善创新的良好局面，为促进企业高质量发展做出新的更大贡献。

（2）目标任务。通过创建工作使职工创新工作室的运作规范，创新创效成绩突出，品牌影响力显著，劳模和工匠人才作用得到真正发挥，把职工创新工作室打造成传承劳模精神、劳动精神、工匠精神的“新平台”；解决生产技术难题的“攻关站”；推动企业技术创新的“孵化器”；培养高技能人才的“练兵场”，促进职工队伍整体素质不断提高，打造一支知识型、技能型、创新型技术工人队伍。

四、 职工创新工作室的功能作用

（1）开展创新攻关。围绕生产经营实际，针对技术革新、降本减费、节能减排、安全环保、管理服务等重点难点问题，定期征集创新

攻关项目或开展课题研究，制订工作运行计划，开展创新工作。深入一线开展技术会诊，提出合理化建议，协助攻克企业生产难题，及时修补薄弱环节。

（2）抓好技术培训。以培养知识型、技术型、创新型职工为目标，广泛开展多层次的职工技术等级培训、岗位技能提升培训，帮助职工提高技能水平和创新能力，为企业培育结构合理、梯次发展的技能人才队伍。

（3）加强人才培养。立足企业生产经营需要和职工素质提升目标，定期开展针对性、实用性强的技术培训活动。常态化开展“师带徒”“传帮带”活动，着力培养优秀技能人才、创新型人才和青年后备人才，为企业发展提供人才支撑。

（4）开展创新交流。不断拓展技术攻关、创新协作平台，加强与生产业务部门、科研院所、高校等团体交流合作，有效推动创新成果转化应用。定期开展职工创新交流活动，总结推广创新经验和技术技能绝活、先进操作法。

（5）培育创新文化。在创新创效实践中传承劳模精神、劳动精神、工匠精神，发挥示范引领作用，通过劳模工匠技能大师讲堂、创新成果推介会等形式，宣传创新实践，培育创新文化，引导更多职工参与创新创效。

五、 职工创新工作室创建的基本原则

（1）统筹规划，整体推进。加强职工创新工作室建设顶层设计，坚持统筹规划、系统部署，推进创新工作室规范化、标准化管理，充

分借助各方面资源，发挥各方面优势，确保职工创新工作整体推进、发挥实效。

（2）分类指导，分层实施。发挥工会和人力资源部门在创建中的统筹作用，明确各类型、各层级职工创新工作室创建目标、工作重点和保障措施，形成上下联动、分类指导、协同配合的工作格局。

（3）广泛覆盖，合力创新。扩大创新领域覆盖面和职工群体覆盖面，围绕生产经营重点难点，广泛开展技术创新、管理创新、服务创新和制度创新，加大支持保障力度，推动创新成果及时转化，营造广泛参与、集智创新、合力攻关的良好氛围。

六、 职工创新工作室创建标准

职工创新工作室创建应符合"七有"标准：

（1）有领衔人物。工作室原则上以 1 名在技术、业务方面有专长，具有一定技术水平、管理经验和创新能力的劳模、工匠或技能人才为领衔人。

（2）有创新团队。工作室应吸纳具有一定专业技术水平、创新能力和发展潜力的技能人才和专业技术人才组成创新团队，团队人数不得少于 3 人。

（3）有计划目标。工作室有明确的年度创新目标计划，包含创新攻关目标、创新工作计划、人才培养计划等，有相应月度任务分解。

（4）有管理制度。工作室有日常管理、学习交流、考核激励、成果转化等工作制度，建立日常工作台账，规范档案资料管理。

（5）有场地设施。工作室有相对固定、满足工作需要的办公场所和必要的设施设备，用于学习研讨、创新实践和成果荣誉展示，有创新工作室牌匾等规范性标识。

（6）有经费保障。工作室所在单位有用于支持创新工作室开展工作的专项经费保障。

（7）有创新成果。工作室每年至少完成1项创新课题成果或技术攻关项目；每年至少有1项创新成果得到转化应用；每年至少提出3条群众性合理化建议；每年面向基层至少解决3个生产实际问题。

七、 职工创新工作室的命名管理

职工创新工作室实行分级创建和命名管理。申报命名流程如下：

（1）提出申请。企业各直属单位对照工作室创建“七有”标准，凡是符合创建条件的，填写创建申报表，报送上级工会部门。

（2）审核推荐。企业工会部门会同人力资源部门对各直属单位申报的创新工作室进行审核，组织专家对工作室运行、成果、管理等情况开展现场查验，择优评审后，提出拟命名的职工创新工作室建议名单。

（3）评定授牌。企业工会部门报企业管理层审定后，发文命名并授予企业职工创新工作室牌匾，给予一次性创新补助经费。

（4）考核管理。职工创新工作室实行动态管理。一般2年为一个考核期，授牌有效期满后，由工会部门牵头组织考核，对考核不合格的创新工作室，撤销称号并摘牌。

八、 推进职工创新工作室创建工作举措

（1）加强对创建工作的指导。各级工会要站在全局和战略的高度，积极争取党政重视和支持，主动加强与有关部门沟通协调，创造有利

于创新工作室创建的条件和环境，把职工创新工作室创建工作列入企业重要议事日程，统筹有序推进创建工作，突出问题导向，加强分类指导，提升创建工作整体水平。引导创新工作室加强制度建设、制定工作标准、规范运转程序，促进工作室持续健康发展。

（2）鼓励企业积极开展创建工作。各级工会要通过各种方法和手段，积极与企业达成共识，调动企业创建创新工作室的积极性和主动性。鼓励企业将创建工作纳入企业创新工作总体规划，从场地保障、人员配备、资金投入、设备设施、活动时间等方面给予大力支持。引导企业探索建立跨区域、跨行业、跨企业的创新工作室联盟。企业工会要发挥承上启下的重要作用，为创新工作室的创建工作和活动开展提供指导帮助，及时研究解决工作中遇到的困难和问题，确保创建工作落地见效。

（3）增强创新工作室的创新能力。要积极发挥创新工作室的创新潜能，提高创新工作室的创新攻关能力、创新成果转化能力。要紧贴企业生产实际，开展群众性技术攻关、技术革新和发明创造活动，破解生产难题、技术难题，推动企业技术进步。

（4）搭建创新成果转化平台。建立健全创新工作室创新成果网上展示交流平台，发挥网络平台的媒介作用和服务功能，及时发布创新成果，加强技术交流，推动创新成果在本企业、本产业、本地区乃至更大范围转化应用。组建创新专家咨询委员会和专业技术委员会，为创新工作室提供技术指导、创新支持、知识产权保护等专业服务，组织开展创新成果鉴定、成果展示、成果评选工作，举办成果推广、经验交流等活动，积极向企业相关部门推荐优秀创新成果，促进创新项目孵化和成果转化。

（5）强化对创新工作室领衔人的培养力度。要立足实际需求，运用工会组织的资源和手段，积极搭建各种有效平台，定期或不定期地开展有针对性的培训活动，提高创新工作室领衔人的管理能力和工作水平，带领创新工作室不断开创新局面。拓展不同企业、不同行业创新工作室的交流合作，鼓励职业相关、技术相近、技能相通的工作室领衔人互学互鉴，共同提升创新能力和水平，推动职工创新工作室不断深化发展。

（6）加大创新工作室创建经费投入。各级工会要积极争取行政对创新工作室的经费投入，设立职工创新专项资金，支持创新工作室开展技术革新、技术协作、发明创造和技能培训等工作。

案例

规范运行　超越发展
让职工创新工作室成为技术创新的支点

×××创新工作室成立于 2004 年 10 月，现有成员 10 人，其中工程师 2 人，高级技师 3 人，技师 3 人。工作中，秉持“思行合一，求实创新，共同进步”的团队精神，唱响“咱们工人有技术才能更有力量”主旋律，推动了技术创新工作的全面开展。目前，工作室已有 7 篇论文在国家核心刊物上发表，技术创新、技术革新成果 30 多项，其中获国家实用新型专利 15 项，省部级创新成果 2 项，局级创新成果 10 项，厂级创新成果 26 项，年创经济效益 500 余万元。

一、建立“三项”机制，提高工作室的运行力

无规矩不成方圆。×××创新工作室从建章立制入手，探索实施了“运行、交流、激励”三项工作机制，保证了工作室成为创新成果的摇篮、人才培养的沃土、创新创效的高地。

一是建立日常运作机制，保障工作室规范运行。实施了“三会一案”日常运行机制。“三会”即召开年初创新课题立项会，规定成员每人至少确定1个攻关课题，由创新工作室统一汇总，大家共同讨论、筛选，确定当年技术创新立项课题；召开月度创新课题运行会，每月25日召开，汇报创新课题的实施进度、存在的问题和需要支持的请求，不断加强创新课题过程管理；召开年底创新成果验收会，主要是展示创新成果、评估成果推广意义和产生效益的大小。“一案”即建立《技术创新项目管理档案》，要求成员的创新项目均要纳入档案管理，及时跟踪、及时了解，确保创新课题持续有效推进。

二是建立互助交流机制，搭建工作室成员学习平台。探讨交流，有利于推动技术创新的开展。每月25日不仅是月度创新课题运行会，更是工作室成员固定交流日，交流创新中的体会、探讨创新中的窍门，实现信息共享、经验共享。同时，针对平时生产任务重、岗位不同、工作性质不同，成员无法碰面的情况，在工作室设立了“你问我答留言板”，成员在创新中有好的意见、建议或创新中遇到难题，需要协调解决的，及时写在留言板上进行交流求助，这种灵活多样的学习交流方式，深受大家的欢迎。

三是建立奖励激励机制，激发工作室成员创新热情。单位为了支持技术创新室工作，专门拿出奖励资金，激发大家的创新热情。工作

室规定：创新成果发明成功，运用于生产，取得显著效益的，给予100～300元奖励；有好的创新思路或创新金点子，给予50～100元奖励。如，工作室成员王师傅提出“皮带四点一线调整法”，实施后，易操作、效果好，得到100元奖励，大大激励了他的创新热情，同时也激发了其他成员的创新积极性。三年来，累计奖励工作室成员0.68万元。

二、立足“三小”活动，提升工作室的创新力

创新促进发展，创新产生效益。工作中，立足“小”字做文章，解决生产“大”难题。积极引导工作室成员从“征集一个小难题、开展一项小革新、进行一个小创造”入手，积极开展“三小”活动，不断提升工作室的创新能力。

一是征集“小难题”，明确创新方向。发现难题是进行创新的前提。工作中，工作室从发现问题、解决难题入手，广泛开展征集“小难题”活动。近三年来，先后征集小难题50余个，其中有19个被工作室立项。如针对抽油机调平衡过程安全带无法悬挂的安全隐患，工作室成员小王提出了研制安全带悬挂装置的创新课题，这一创新课题解决了安全带无法悬挂这一难题，使抽油机调平衡做到了安全快捷。目前，这一成果已在全矿进行推广。

二是开展“小革新”，加快创新步伐。围绕生产中的重点、难点问题，工作室组织成员进行技术攻关、小改小革，取得了良好经济效益。如针对井口原油易盗现象，成员陈师傅提出了设计一种防盗取样闸门和丝堵。经过两个多月的11次现场试验，终于研制成功了“新型防盗取样闸门”和“防盗丝堵”。投入使用后，井口盗窃破坏现象得到有效遏制，提高了油井的经济运行时率，年创经济效益50多万元。

三是进行“小创造”，解决生产大难题。工作室鼓励成员从多方面、多角度进行革新、创新，及时解决生产难题，提升采油队的管理水平。如研制出的“移动平衡块液压装置”，投入使用后，使调平衡操作时间缩短了1/4，劳动力减少至2人，安全系数明显提高，解决了长期困扰采油队调平衡的难题。该项成果获得“山东省职工创新成果二等奖”和国家专利。

三、突出“三大”功能，发挥工作室的辐射力

一枝独秀不是春，百花齐放春满园。工作中，工作室结合实际，充分利用创新工作室这一平台，突出“传、帮、带”三大功能，以点带面，带动创新队伍素质的整体提高，推进技术创新工作室功能发挥。

一是突出传经送宝，发挥流动课堂的辐射作用。为更好地把经验、做法毫不保留地传授给前来“取经”的其他工作室成员，工作室开辟了“流动课堂”，选拔五名技术硬、创新能力强的成员，组成巡讲小分队，受邀到其他工作室进行巡回宣讲创新、革新体会，引导、提升了他们发现、解决问题的能力。成员王师傅到“丛峰创新工作室”讲解“皮带四点一线”调整法的过程中，多次提到，根据激光笔的原理能调整两轮四点一线，受此启发，丛峰创新工作室发明了“闸门拆装装置”，该成果推广应用效果显著。

二是突出帮扶引领，发挥导师带徒的辐射作用。为提升成员素质，工作室开展了“自助餐式师带徒”活动，不仅要求工作室成员之间结成“师徒对子”，还欢迎其他工作室成员根据自己知识需求，拜工作室成员为师，学习现场创新点及创新过程中的技巧；采油4队工作室成员小杨拜王师傅为师，学习机械制图知识。这种跨工种、跨工作室拜师，岗位交叉锻炼的“自助餐式师带徒”形式，已推广到全矿各个工作室，对提升成员整体素质发挥了重要作用。

三是突出带动提升，发挥技术外援的辐射作用。在交流学习的同时，工作室还通过技术外援的方式，帮助其他工作室解决技术难题，提升全矿工作室整体建设水平。2011 年，采油队技师李师傅主动找到工作室，提出研制液压式拔轮器，不知道如何确定液压千斤顶的额定载荷。工作室通过理论计算、现场试验，为其确定额定载荷为 30kN，最终帮助他们研制成功“全包式液压拔轮器”。几年来，先后对其他 10 个采油队的工作室进行技术帮扶 30 余次，进一步推动了全矿范围内的技术创新工作。

第五章

新时代工会劳动保护工作创新实践

习近平总书记在2020年全国劳动模范和先进工作者表彰大会上强调，“要切实实现好、维护好、发展好劳动者合法权益”。《中华人民共和国安全生产法》规定：“工会依法组织职工参加本单位安全生产工作的民主管理和民主监督，维护职工在安全生产方面的合法权益。”随着国有企业产业结构转型升级和生产方式持续转变，工会劳动保护工作面临许多新情况新问题，特别是在政府、社会与职工个人对劳动保护愈加关注的背景下，工会作为职工群众的代言人，只有让职工的权益得到充分保障，才能更好地调动职工的积极性和创造性，为企业的发展贡献力量。

第一节　工会劳动保护概述

工会劳动保护工作是工会工作的重要组成部分，切实做好工会劳动保护工作，对于立足行业特性，建立健全劳动保护管理体制，落实各项劳动安全卫生措施，保障职工生命安全和身体健康有着不可替代的重要作用。

一、劳动保护的概念

劳动保护是指为了保障职工在生产劳动过程中的生命安全与身心健康，在法律、制度、组织、管理、教育、技术及设备等方面采取的一系列综合措施。劳动保护工作的内容主要有劳动安全卫生、工作时间休息休假、对女职工的特殊保护、对未成年工的劳动保护。

二、工会劳动保护工作的概念

工会劳动保护工作是指工会依据法律赋予工会的职权，监督企业和有关方面贯彻国家有关劳动安全卫生的法律法规，发动职工群众参与企业安全生产工作，督促企业不断改善劳动条件，维护职工在生产劳动过程中的安全与健康合法权益。

三、工会劳动保护工作的对象

工会劳动保护工作的对象是全社会从事职业活动的劳动者。从职业性质来看，包括企事业单位职工和机关公务人员；从行业性质来看，既包括工矿企业的劳动者，也包括农林、牧渔企业和财贸、服务行业的劳动者；从企业经济类型来看，既包括公有制企事业单位的劳动者，也包括其他各种所有制企事业单位(如私营、民营、外资、乡镇企事业单位等)的劳动者。总之，只要是中华人民共和国境内依靠劳动取得工资收入的劳动者，都是工会劳动保护的对象。

四、 工会劳动保护工作的目的

劳动安全卫生工作直接涉及职工的生命安全与身体健康，是职工根本利益所在。因此，工会开展劳动保护工作，其目的就是要按照党和国家赋予工会在劳动安全卫生工作中的职责，通过监督用人单位和有关方面贯彻执行国家有关劳动安全卫生的法律法规，督促用人单位不断改善生产作业环境和条件，通过组织和发动职工群众参与劳动安全卫生工作，以此来保障职工的安全与健康，避免和减少工伤事故、职业病的发生，维护职工的安全健康合法权益。

五、 工会劳动保护工作的地位与作用

工会开展劳动保护工作，是国家法律赋予工会的一项重要的社会职能，是国家劳动安全卫生工作体系的重要组成部分。在国家“政府统一领导、部门依法监督、企业全面负责、群众监督参与、全社会广泛支持”的劳动安全卫生工作格局中具有独特的地位。工会作为党和政府联系职工的“桥梁和纽带”，作为职工合法权益的表达者和维护者，在国家劳动安全卫生工作中具有不可替代的作用。

第二节 如何做好工会劳动保护工作

一、新形势下企业职工劳动保护工作存在的问题

在企业生产中，工会能否结合本单位实际切实履行维护职工劳动保护权这一重要职责，对保持企业稳定、实现企业安全发展、创建和谐企业有着极为重要的意义。当前，在加快发展的新形势下，劳动安全卫生、劳动保护方面的新问题也日渐显现。具体表现在：

一是基层工会组织对新时期工会劳动保护工作的重要性认识不足，没有意识到保护职工劳动权益、维护职工生命安全与健康是工会的一项重要任务。总认为安全生产、劳动保护是安全部门的职责，劳动保护用品的发放是劳资社保部门的事情，工会组织没有很好地参与其中进行监督和管理。

二是职工的劳动保护，还停留在安全规程的监督检查和劳动防护用品的发放上，更深层次的劳动保护还没有提上议事日程，如劳动保护工作标准、劳动保护监督检查的工作规范、生产环境对职工身体健康的危害等。

三是有相当一部分职工没有认识到自己所从事的工作及环境存在的安全隐患及对健康的影响，对规避的方法和必要的防范措施等缺少进一步了解。

四是基层工会从事劳动保护的人员业务能力和基层工会劳动保护

运行机制与新时期企业发展水平不相适应，工会劳动保护工作人员业务水平低；基层企业工会没有设置劳动保护专责岗位，影响职工劳动保护职能作用的有效发挥。

五是企业工会劳动保护奖罚激励机制不完善，工会劳动保护工作人员不能积极主动地进行劳动保护检查，工作责任心不强，劳动保护监督检查的作用不能很好发挥。

六是作为职工群众劳动保护监督主体的工会组织，对于与职工劳动保护相关的决策不能及时参与，意见和建议得不到及时采纳，工作效果不佳。

二、 新形势下企业职工劳动保护工作存在问题的原因分析

针对新形势下企业职工劳动保护工作存在的问题，分析其原因，有以下几个方面：

一是基层单位普遍存在着重生产、重经营的倾向，对设备和人身的安全非常重视。但是，对职工的劳动安全保护特别是在生产作业中的身体健康、工作环境对职工健康的影响没有引起足够的重视。

二是基层工会组织不被重视，在大多数人的认识中，一切工作服从于行政工作，基层工会只是开展活动，没有话语权。在日常生产中，强调安全生产，忽视劳动保护，只要不出现事故，劳动保护方面有些欠缺就是小事。

三是机制不健全，相关的配套措施得不到落实。基层工会劳动保护监督检查人员的积极性不能充分发挥。基层单位大部分班组没有设置劳动保护检查员，即使设置了其作用也没有显现出来。

三、 新形势下做好工会劳动保护工作的对策

工会劳动保护工作应随着企业生产设备的更新和生产作业人员操作方式的变化、工作环境的变化以及出现的新情况、新问题及时调整。劳动保护监督检查的技术手段也应更新，工作重点也应随之转移，以确保劳动保护工作起到实效。

《中华人民共和国工会法》、《中华人民共和国劳动法》、《中华人民共和国安全生产法》、《中华人民共和国职业病防治法》和工会劳动保护监督检查“三个条例”等法律法规，赋予了工会劳动保护的职权，确立了工会在劳动保护工作中的法律地位，明确了工会劳动保护工作的指导思想和总体要求。关键是如何结合工会劳动保护工作的实际，努力做好劳动保护工作，使工会在安全生产管理中发挥应有作用。概括起来讲，就是要处理好五个关系、做好四项工作。

（一）处理好五个关系

一要处理好工会与行政的关系。工会劳动保护工作的目标与企业行政方是相一致的，只是运行方式和方法不同。在实际工作中，工会对行政要多协助，与之多沟通。在劳动保护工作中处理好与行政的关系，相互理解，相互支持，确保各项活动顺畅开展，从根本上做到维护职工的合法权益。

二要处理好安全生产管理与民主管理的关系。安全生产管理是系统工程，在管理的职责、制度、规章等方面，工会同行政应各有侧重。工会的任务是维护职工安全健康的合法权益，注重通过民主管理，源头参与，科学管理、民主决策，形成安全生产管理与民主参与管理相

统一。在新形势下要积极探索企业改革发展中安全生产、劳动保护、民主管理、民主监督、民主参与的工作新思路、新内容和新方法。进一步规范集体合同中劳动安全卫生条款，积极推行职工代表安全监督巡查制度，积极配合企业行政做好安全专项治理达标工作，在巩固、发展、创新上下功夫，促进安全管理规范化、制度化、人性化。

三要处理好工会劳动保护工作与“安康杯”竞赛的关系。要将工会劳动保护工作与“安康杯”竞赛紧密地结合起来，将劳动保护工作细化分解落实到“安康杯”竞赛的各个环节，实现与“安康杯”竞赛同布置、同落实、同考核。在不断深化“安康杯”竞赛活动中提高全体职工的自我保护意识与水平，做到让全体员工在生产劳动工作中充分行使劳动保护的权利，自觉抵制“三违”，努力做到不伤害自己、不伤害他人、不被他人伤害、保护别人不受伤害。达到职工群众既是活动的参与者，也是受教育者，更是最终受益者。

四要处理好基层工会劳动保护队伍建设与落实工会劳动保护监督检查“三个条例”的关系。要完善机制建设，要将加强基层工会劳动保护队伍建设与配备专(兼)职基层工会劳动保护监督员相结合，建立一支懂安全、懂法规、懂技术、懂劳动保护，具有综合分析和解决问题能力的高素质的工会劳动保护人员队伍；设立班组工会小组劳动保护检查员，他们长期战斗在生产第一线，最了解作业环境的劳动保护状况以及班组职工的思想状况，在维护职工安全健康方面能直接发挥作用。

五要处理好开展日常安全活动与营造安全劳动保护氛围的关系。工会劳动保护工作，其目的是为广大职工群众服务。基层工会要结合实际开展“我要安全、我能安全”活动，推动形成“人人讲安全、个个会应急”的良好氛围。同时，开展工会劳动保护工作达标升级竞赛活动。通过竞赛，促进基层工会劳动保护的基础建设进一步规范化、制度化，并且将这一活动纳入工会工作考评，促进基层工会劳动保护工作进一步规范化。

（二）做好四项工作

一是抓好劳动安全卫生宣传教育，营造安全氛围。基层工会要充分运用班前会、主题班会、新媒体等宣传工具，举办培训、专题讲座等形式，深入开展劳动安全卫生宣传教育，积极营造安全生产氛围，努力提高职工安全素质和自我防护能力。第一，要认真组织职工学习劳动保护的政策法规和企业有关劳动保护与安全生产的规章制度，进行岗位职业危害告知，落实员工劳动安全卫生知情权，增强其自我保护意识。第二，向广大职工宣传在生产中的劳动保护权利，开展以“自己不伤害自己、不被他人伤害、不伤害他人”和反对“违章指挥，违章操作，违反劳动纪律”为主要内容的安全教育活动。第三，要加强劳动保护工作，劳动保护工作必须始终贯彻“安全第一、预防为主”的方针，做好宣传教育超前预防工作，把各种危害消灭在萌芽状态。

二是发挥各级工会作用，加大源头防范力度。各级工会要不断增强劳动保护责任意识，切实把保护员工生命安全与健康放在工会维权工作的首位，进一步加大源头参与力度，要按规定参与劳动安全卫生设施的监督检查，坚持劳动保护“三同时”的原则，即劳动安全卫生设施必须与主体工程同时设计、同时施工、同时投入使用。与此同时，各单位要签订《劳动安全卫生专项集体合同》，从源头上维护好职工安全和健康的权益，督促和协助企业行政方面做好劳动保护工作，切实保障职工在劳动工作中的安全与健康，促进企业安全稳定发展。

三是开展好“安康杯”竞赛活动，夯实安全根基。“安康杯”竞赛活动是工会维护职工劳动安全健康合法权益的重要载体，各级工会要深入开展以“比安全责任制落实，赛全员安全管理意识提升；比安全教育培训，赛全员岗位能力提升；比风险识别隐患排查，赛双重预防机制建设水平提升；比高风险作业严控措施落实，赛作业安全管控能力提升；比‘三大纪律’执行落实，赛遵章守纪行为规范提升；比应急管理落实，赛应急处置能力提升”为主要内容的六比六赛“安康杯”竞赛，夯实企业安全生产根基。

四是搞好夏季防暑降温工作，保障职工健康。各级工会要把防暑降温工作摆上重要议事日程，督促企业行政部门制订防暑降温工作方案和应急预案，做到及时研究、重点预防、严格落实防范及防暑保健措施，有效预防和杜绝中暑及安全事故发生，协助配合行政切实做好防暑降温工作，确保职工安全度夏。企业工会要关爱职工，关爱生命，采取有力措施，搞好防暑降温工作，确保职工身体健康，令其以充沛的精力投入企业生产中去。